教育部职业教育与成人教育司推荐教材
中等职业教育技能型紧缺人才教学用书

道路工程施工

(市政施工专业)

本教材编审委员会组织编写

主编　楼丽凤
主审　王智敏　杨时秀

中国建筑工业出版社

图书在版编目（CIP）数据

道路工程施工/本教材编审委员会组织编写．楼丽凤主编．—北京：中国建筑工业出版社，2006
 教育部职业教育与成人教育司推荐教材．中等职业教育技能型紧缺人才教学用书．市政施工专业
 ISBN 978-7-112-08586-6

Ⅰ．道… Ⅱ．①本…②楼… Ⅲ．道路工程-工程施工-高等学校：技术学校-教材 Ⅳ.U415

中国版本图书馆CIP数据核字（2006）第082003号

教育部职业教育与成人教育司推荐教材
中等职业教育技能型紧缺人才教学用书
道路工程施工
（市政施工专业）
本教材编审委员会组织编写
主编 楼丽凤
主审 王智敏 杨时秀

*

中国建筑工业出版社出版、发行（北京西郊百万庄）
各地新华书店、建筑书店经销
霸州市顺浩图文科技发展有限公司制版
廊坊市海涛印刷有限公司印刷

*

开本：787×1092毫米 1/16 印张：9$\frac{3}{4}$ 字数：238千字
2006年8月第一版 2016年7月第五次印刷
定价：**15.00**元
ISBN 978-7-112-08586-6
（15250）

版权所有 翻印必究
如有印装质量问题，可寄本社退换
（邮政编码 100037）

本书主要阐述了道路工程基本知识、路基工程、沥青混凝土路面、水泥混凝土路面、挡土墙和附属工程的施工工艺和方法，施工的程序；施工机械设备和用途；施工质量标准和安全规范、规程；道路工程实践的有关内容等。

本书可作为全日制中等专业学校市政工程施工、道路和桥梁专业的教材，也可供有关工程技术人员参考。

* * *

责任编辑：朱首明　刘平平
责任设计：董建平
责任校对：邵鸣军

本教材编审委员会名单
（市政施工专业）

主 任 委 员：陈思平

副主任委员：邵建民　胡兴福

委　　　员：（按姓氏笔画为序）

马　玫　　王智敏　　韦帮森　　白建国　　邢　颖　　刘文林

刘西南　　刘映翀　　汤建新　　牟晓岩　　杨玉衡　　杨时秀

李世华　　李海全　　李爱华　　张宝军　　张国华　　陈志绣

陈桂德　　邵传忠　　谷　峡　　赵中良　　胡清林　　程和美

程　群　　楼丽凤　　戴安全

出 版 说 明

为深入贯彻落实《中共中央、国务院关于进一步加强人才工作的决定》精神，2004年10月，教育部、建设部联合印发了《关于实施职业院校建设行业技能型紧缺人才培养培训工程的通知》，确定在建筑（市政）施工、建筑装饰、建筑设备和建筑智能化四个专业领域实施中等职业学校技能型紧缺人才培养培训工程，全国有94所中等职业学校、702个主要合作企业被列为示范性培养培训基地，通过构建校企合作培养培训人才的机制，优化教学与实训过程，探索新的办学模式。这项培养培训工程的实施，充分体现了教育部、建设部大力推进职业教育改革和发展的办学理念，有利于职业学校从建设行业人才市场的实际需要出发，以素质为基础，以能力为本位，以就业为导向，加快培养建设行业一线迫切需要的技能型人才。

为配合技能型紧缺人才培养培训工程的实施，满足教学急需，中国建筑工业出版社在跟踪"中等职业教育建设行业技能型紧缺人才培养培训指导方案"（以下简称"方案"）的编审过程中，广泛征求有关专家对配套教材建设的意见，并与方案起草人以及建设部中等职业学校专业指导委员会共同组织编写了中等职业教育建筑（市政）施工、建筑装饰、建筑设备、建筑智能化四个专业的技能型紧缺人才教学用书。

在组织编写过程中我们始终坚持优质、适用的原则。首先强调编审人员的工程背景，在组织编审力量时不仅要求学校的编写人员要有工程经历，而且为每本教材选定的两位审稿专家中有一位来自企业，从而使得教材内容更为符合职业教育的要求。编写内容是按照"方案"要求，弱化理论阐述，重点介绍工程一线所需要的知识和技能，内容精炼，符合建筑行业标准及职业技能的要求。同时采用项目教学法的编写形式，强化实训内容，以提高学生的技能水平。

我们希望这四个专业的教学用书对有关院校实施技能型紧缺人才的培养具有一定的指导作用。同时，也希望各校在使用本套书的过程中，有何意见及建议及时反馈给我们，联系方式：中国建筑工业出版社教材中心（E-mail：jiaocai@cabp.com.cn）。

中国建筑工业出版社
2006年6月

前　言

本教材根据社会发展和经济建设需求，以提高学生的职业实践能力和职业素养为宗旨，倡导以学生为本位的教育理念，通过综合和具体的职业技术实践活动，帮助学生积累实际工作经验，突出职业教育特色。体现以全面素质为基础，以能力为本位；以企业需求为基本依据，以就业为导向；以学生为主体，教学内容的先进性和灵活性的基本原则。根据市政工程施工行业对职业学生所需基础知识的要求，结合国家职业标准和岗位需要进行编写，主要面向全国市政工程施工行业在校中专学生和市政专业管理人员的岗位培训。通过本教材学习，能使学生初步了解道路工程基本知识，独立识读工程施工图，概括说明路基、路面、挡土墙施工的一般过程，区分道路工程常用施工机械设备，会查找质量标准、安全要求等规范；了解市政施工过程，具有一般的施工能力；能分析和解决本专业的简单技术问题，具有初步的工作计划、组织、实施和评估能力。

本教材共分七个单元进行编写，以体现模块式课程体系和学分制管理制度，满足学生学习的不同需要。教学过程建议采用项目教学法进行。教学课时安排为50＋3周实训，各单元学时分配见下表（供参考）：

章　次	内　容	学　时
第1单元	道路工程基本知识	8
第2单元	路基工程施工	10
第3单元	沥青混凝土路面施工	12
第4单元	水泥混凝土路面施工	12
第5单元	挡土墙施工	4
第6单元	附属工程施工	4
第7单元	道路工程实践	3周
总计		50＋3周

本教材在教育部职业教育与成人教育司和市政施工专业技能型紧缺人才培养培训指导方案领导小组的指导下，由上海市城市建设工程学校楼丽凤担任主编。其中由楼丽凤编写第1、5单元和第7单元课题2，由张明永编写第2、6单元和第7单元课题3，由曹永先编写第3单元和第7单元课题1，由吴又发编写单元4。由王智敏、杨时秀主审。

本书在编写过程中参考了一些相关资料和国家有关规范、标准。由于编者水平有限，书中有不足之处恳请读者在使用过程中提出宝贵意见，以便不断改进完善。

目 录

单元1 道路工程基本知识 ... 1
  课题1 道路的发展历史 ... 1
    1.1 我国城市道路的发展 ... 1
    1.2 城市道路的组成和特点 ... 2
  课题2 道路的分类与技术标准 ... 3
    2.1 道路的分类 ... 3
    2.2 城市道路分级 ... 4
    2.3 路面的分类与分级 ... 5
  课题3 道路路线基本知识 ... 6
    3.1 道路路线网 ... 6
    3.2 道路路线基本知识 ... 7

单元2 路基工程施工 ... 21
  课题1 路基组成和基本构造 ... 21
    1.1 路基土石分类 ... 21
    1.2 路基基本构造 ... 23
  课题2 道路路基的一般要求和基本知识 ... 27
    2.1 对路基的基本要求 ... 27
    2.2 路基的基本知识 ... 28
  课题3 路基施工准备工作 ... 29
    3.1 组织准备 ... 29
    3.2 物质准备 ... 29
    3.3 技术准备 ... 29
    3.4 外部协作准备 ... 29
  课题4 路基施工程序 ... 30
    4.1 测量放样 ... 30
    4.2 修建相关构筑物 ... 34
    4.3 路基建筑施工 ... 35
    4.4 路基工程质量的检查与竣工验收 ... 35
  课题5 路基施工工艺和施工方法 ... 35
    5.1 土质路基施工——填筑路堤 ... 35
    5.2 土质路基施工——开挖路堑 ... 38
    5.3 土基压实 ... 40
    5.4 石质路基施工 ... 43

课题6 施工机械设备	47
6.1 机械化施工的组织	47
6.2 常用的土方机械	48
课题7 施工质量标准、施工安全要求、施工资料	49
7.1 压实密度检查方法	49
7.2 质量标准	52
7.3 施工安全要求	54
7.4 施工资料的管理	56
单元3 沥青混凝土路面施工	**57**
课题1 沥青路面基本结构	57
1.1 面层	57
1.2 基层	58
1.3 垫层	58
课题2 沥青路面施工准备工作	59
2.1 组织准备	59
2.2 技术准备	60
2.3 现场准备	61
2.4 物资准备	61
课题3 施工程序、施工工艺和施工方法	62
3.1 砂砾垫层的施工	62
3.2 碎石基层的施工	62
3.3 石灰工业废渣基层的施工	67
3.4 热拌沥青混合料路面的施工	73
课题4 沥青路面施工机械设备	79
4.1 沥青混合料摊铺机	79
4.2 压路机	81
课题5 施工质量标准、施工安全要求	84
5.1 施工质量标准	84
5.2 施工安全要求	86
单元4 水泥混凝土路面施工	**90**
课题1 水泥混凝土路面基本构造	90
1.1 水泥混凝土路面结构	90
1.2 水泥混凝土路面的厚度	92
1.3 水泥混凝土路面板的平面尺寸	94
1.4 接缝的构造	94
课题2 水泥混凝土路面施工准备工作	97
2.1 施工组织	97
2.2 施工现场布置	98
2.3 混凝土材料准备	98

  2.4 测量放样 ·· 98
  2.5 土基与基层的检查与整修 ·· 100
  2.6 其他准备工作 ··· 100
 课题3 施工程序、施工工艺和施工方法 ··· 101
  3.1 工艺流程 ·· 101
  3.2 水泥混凝土路面施工方法 ·· 101
  3.3 钢筋安装 ·· 105
  3.4 混凝土的拌合运输 ·· 108
  3.5 面层浇筑 ·· 110
  3.6 振捣 ··· 110
  3.7 收水抹面 ·· 112
  3.8 湿治养护 ·· 113
  3.9 拆模 ··· 113
  3.10 切缝与填缝 ·· 114
 课题4 水泥混凝土路面施工机械设备 ··· 116
  4.1 强制式搅拌机 ··· 118
  4.2 反转式搅拌机 ··· 119
  4.3 振捣机械 ·· 119
 课题5 施工质量标准、施工安全要求 ··· 119
  5.1 施工质量标准 ··· 119
  5.2 施工安全要求 ··· 121

单元5 挡土墙施工 ··· 122
 课题1 挡土墙基本类型及构造 ··· 122
  1.1 挡土墙分类 ·· 122
  1.2 挡土墙的构造 ··· 124
 课题2 挡土墙施工准备工作 ··· 125
  2.1 挡土墙砌筑前注意事项 ··· 125
  2.2 砌石作业前的施工准备工作 ·· 126
 课题3 施工程序、施工工艺和施工方法 ··· 126
  3.1 石砌挡土墙施工 ·· 126
  3.2 钢筋混凝土挡土墙施工 ··· 127
 课题4 施工质量标准 ·· 128

单元6 附属工程施工 ··· 129
 课题1 道路附属工程基本构造 ··· 129
  1.1 侧平石 ··· 129
  1.2 人行道 ··· 130
 课题2 附属工程施工准备工作 ··· 131
  2.1 施工组织 ·· 131
  2.2 施工现场布置 ··· 131

  2.3 材料准备 ·· 131
  2.4 测量放样 ·· 131
  2.5 土基与基层的检查与整修 ·· 132
  2.6 其他准备工作 ··· 133
 课题3 施工程序、施工工艺和施工方法 ··· 133
  3.1 侧平石施工 ·· 133
  3.2 预制块人行道施工 ·· 133
 课题4 附属工程施工机械设备 ··· 134
  4.1 拌合机 ··· 134
  4.2 小型压路机 ·· 134
 课题5 施工质量标准、施工安全要求 ··· 135
  5.1 施工质量标准 ··· 135
  5.2 施工安全要求 ··· 136

单元7 道路工程实践 ·· 138
 课题1 沥青混凝土路面施工实训 ·· 138
  1.1 沥青混凝土路面施工实训目的 ··· 138
  1.2 沥青混凝土路面施工实训内容 ··· 138
  1.3 沥青混凝土路面施工实训基本要求 ·· 139
  1.4 实训方式 ··· 139
  1.5 实训考核办法 ··· 139
 课题2 水泥混凝土路面施工实训 ·· 140
  2.1 水泥混凝土路面施工实训目的 ··· 140
  2.2 水泥混凝土路面施工实训内容 ··· 140
  2.3 实训方式 ··· 141
  2.4 实训考核办法 ··· 142
 课题3 附属工程施工实训 ·· 142
  3.1 附属工程施工实训目的 ··· 142
  3.2 附属工程施工实训内容 ··· 142
  3.3 熟悉附属工程质量标准和安全的规范和规程 ·· 144
  3.4 实训方式 ··· 145
  3.5 实训考核办法 ··· 145

参考文献 ·· 146

单元 1　道路工程基本知识

课题 1　道路的发展历史

1.1　我国城市道路的发展

我国城市道路的名称源于周朝。秦朝以后称"驰道"或"驿道",元朝称"大道"。清朝由京都至各省会的道路为"官路",各省会间的"道路"为"大路",市区街道为"马路"。20 世纪初叶,汽车出现后则称为"公路"或"汽车路"。

我国道路的发展远自上古时代。黄帝拓土开疆,统一中华,发明舟车,开始了我国道路交通的新纪元。周朝的道路更加发达,道路相当平直,路网规划布局也很完善,把道路分为径(牛马小路)、畛(可走车的路),涂(一轨)、道(二轨)和路(三轨),(每轨约为 2.1m)。

周朝在道路交通管理和养护上也颇有成就。如雨后即整修道路,枯水季节修理桥梁。在交通法规上规定行人要礼貌相让,轻车避重车,上坡让下坡车辆,以策安全。

战国时期著名的金牛道,是陕西入川栈道,傍凿山岩,绝壁悬空而立,绝板梁为阁,工程艰巨无比。

秦王统一中国后十分重视交通,以车同轨与书同文列为一统天下之大政。当时国道以咸阳为中心,向各方辐射的道路网已形成。表现为道路相当宽畅,并以绿化美观周围环境,边坡用铜桩加固,雄伟而壮观。

唐代国家强盛,疆土辽阔,城市建设、道路交通均有相当的发展,道路发展至有驿道五万里,每三十里设一驿站,驿制规模宏大。

明、清时代的经济繁荣,迅速推动了城市建设和城市规划的进一步发展,当时的北京,道路系统沿用了传统的棋盘式,主、次道路功能分明,道路网严格按照中轴线对称布局,明显地反映出封建等级观念。受当时交通工具的限制,街道不是很宽,在干道和交叉口建有古色古香的华丽牌楼,作为街道的装饰,以美化街景。

清代运输工具更加完备,车辆分客运车、货运车和客货运车,主要是马、驴和骆驼参与运输。清末出现人力车。1876 年欧洲出现世界首辆汽车。1902 年我国上海出现第一辆汽车。1913 年中国修筑了第一条汽车公路,湖南长沙—湘潭,全长 45km,揭开了我国现代交通运输的新篇章。抗战时期完成的滇缅公路,沥青表处路面 100km,是中国最早修建的沥青路面。1949 年全国解放时统计,通车里程为 7.8 万 km,机动车 7 万余辆。

新中国成立后,随着社会主义经济建设的大力发展,特别是改革开放后,我国的交通事业、城市市政建设得到了迅速的发展,公路建设更是突飞猛进。至 2004 年全国公路里程达 187 万 km,已经逐步形成了以北京为中心,沟通全国各地的公路网。至 2003 年城市道路总长已达 20.8 万 km，机动车拥有量达 1500 多万辆。

我国经济建设的腾飞促进了高速公路的发展。1988 年全国第一条沪嘉高速公路通车，至 2005 年，我国已建成的高速公路总里程达 3.4 万 km，位居世界第二。

除迅速发展的高速公路外，我国一些大城市的环城快速路也日益相继建成，如广州环市快速路，上海市的内环、外环快速路和郊环高速路等。很多城市还修建了地铁，进一步改善了城市的交通环境，对促进城市交通运输的发展起到了积极的作用。

我国公路交通的中、远期规划是在 2010 年前修建高速公路 1 万 km，建成二纵二横贯穿中国的交通大动脉，即北京—珠海，图们江—三亚，上海—成都，连云港—霍尔郭斯高速公路干线。到 2020 年建成五纵七横共 12 条主干线共 3.5 万 km，将全国重点城市、工业中心、交通枢纽和对外口岸连接起来，形成与国民经济发展格局相适应，与其他运输方式相协调的快速安全的全国高速公路主干系统。

我国公路交通建设虽然取得重大成就，但还不能适应国民经济发展的需要，与发达国家相比还比较落后。另一方面，我国公路技术标准较低，质量等级较差的道路占了相当比例。我国公路的通行能力不足，国道有 40% 路段超负荷运行。许多公路混合交通严重，交通控制和管理不善，造成交通堵塞、车速缓慢和耗油率增大，有时造成严重的交通事故。

由此可见，如何更快更好地建设完善的公路网，适应国家建设的迫切需要，是摆在公路建设人员面前的重要任务。

1.2 城市道路的组成和特点

1.2.1 城市道路的组成

城市道路由以下几部分组成：

（1）车行道：供各种车辆行驶的路面部分。可分为机动车道和非机动车道。供带有动力装置的车辆（大小汽车、电车、摩托车等）行驶的为机动车道，供无动力装置的车辆（自行车、三轮车等）行驶的为非机动车道。

（2）人行道：人群步行的道路。包括地下人行通道和人行天桥。

（3）分隔带（隔离带）：是安全防护的隔离设施。防止车辆越道逆行的分隔带设在道路中线位置，将左右或上下行车道分开，称为中央分隔带。

（4）排水设施：包括用于收集路面雨水的平式或立式雨水口（进水口）、支管、窨井等。

（5）交通辅助性设施：为组织指挥交通和保障维护交通安全而设置的辅助性设施。如：信号灯、标志牌、安全岛、道口花坛、护栏、人行横道线（斑马线）、分车道线及临时停车场和公共交通车辆停靠站等。

（6）街面设施：为城市公用事业服务的照明灯柱、架空电线杆、消防栓、邮政信箱、清洁箱等。

（7）地下设施：为城市公用事业服务的给水管、污水管、煤气管、通讯电缆、电力电缆等。

1.2.2 城市道路的特点

与公路比较，城市道路具有以下特点：

（1）功能多样、组成复杂、艺术要求高；
（2）车辆多、类型混杂、车速差异大；
（3）道路交叉口多，易发生交通阻滞和交通事故；
（4）城市道路需要大量附属设施和交通管理设施；
（5）城市道路规划、设计和施工的影响因素多；
（6）行人交通量大，交通吸引点多，使得车辆和行人交通错综复杂，机、非相互干涉严重；
（7）城市道路规划、设计政策性强，必须贯彻有关的方针和政策。

课题2　道路的分类与技术标准

2.1　道路的分类

道路的功能主要是为各种车辆和行人服务。道路因其所处位置、交通性质及功能特点不同，主要可分为公路和城市道路两大类。

2.1.1　公路

公路是连接城、镇和工矿基地、港口及集散地等，主要供汽车行驶，具备一定技术和设施的道路。我国公路根据其使用任务、性质和适应的交通量，按2003年交通部颁发的《公路工程技术标准》（JTG B01—2003）（以下简称《标准》）中规定，把公路分为高速公路、一级公路、二级公路、三级公路和四级公路五个等级。

高速公路为具有特别重要的政治、经济意义，专供汽车分向、分车道行驶并全部控制出入的干线公路。

公路等级的选用，应根据公路网的规划，从全局出发，按照公路的使用任务、功能和远景交通量综合确定。

2.1.2　城市道路

城市道路是指城市内部，供车辆和行人通行的具备一定技术条件和设施的道路，是城市组织生产、安排生活、搞活经济、物质流通所必须具备的条件，是联结城市各个功能分区和对外交通的纽带。城市道路也为城市通风、采光以及保持城市生活环境提供所需要的空间，并为城市防火、绿化提供通道和场地。

我国城市道路根据其在道路系统中的地位、交通功能以及对沿线建筑物的服务功能及车辆、行人进出频度，国家建设部在1991年颁发的行业标准《城市道路设计规范》（CJJ 37—90），把城市道路分为四类十级。

（1）快速路

在特大或大城市中设置，主要为城市中大量、长距离的快速交通服务；是联系城市各主要功能分区及为过境交通服务。快速路由于车速高、流量大，故采用分向、分车道，全立交，快速路两侧不应设置吸引大量车流、人流的公共建筑物的进出口，两侧一般建筑物的进出口应加以控制。

（2）主干路

是联系城市中各功能分区（如工业区、生活区、文化区等）的干路，以交通功能为主，负担城市的主要客、货运交通，是城市内部交通的大动脉。

（3）次干路

是城市中数量较多的一般交通道路。它与主干路组合成道路网，起集散交通的作用，兼有服务功能。

（4）支路

是城市中数量较多的一般交通道路。支路应为次干路与街坊路的连接线，解决局部地区交通，以服务功能为主。

2.2 城市道路分级

上述分类，除快速路外，每类道路按照所在城市的规模、设计交通量、地形等分为Ⅰ、Ⅱ、Ⅲ级。大城市应采用各类道路中的Ⅰ级标准；中等城市应采用Ⅱ级标准；小城市应采用Ⅲ级标准。

城市道路按道路的横向布置可分为四类，见表1-1。

按道路的横向布置分类　　　　　　表1-1

道路类别	车辆行驶情况	适用范围
单幅路	机动车与非机动车混合行驶	用于交通量不大的次干路、支路
双幅路	分流向，机、非混合行驶	机动车交通量较大，非机动车交通量较少的主干路、次干路
三幅路	机动车与非机动车分道行驶	机动车与非机动车交通量均较大的主干路、次干路
四幅路	机动车与非机动车分流向分道行驶	机动车交通量大，车速高；非机动车多的快速路、主干路

城市道路的主要技术指标汇总见表　　　　　　表1-2

| | 快速路 | | 主干路 | | | 次干路 | | | 支路 | | |
			Ⅰ	Ⅱ	Ⅲ	Ⅰ	Ⅱ	Ⅲ	Ⅰ	Ⅱ	Ⅲ
设计车速(km/h)	80	60	60 50	50 40	40 30	50 40	40 30	30 20	40 30	30 20	20 20
最小半径(m)	250	150	150 100	100 70	40	100	40	20	40	30	20
推荐半径(m)	400	300	300	200	150	200		85	85	40	
不设超高半径(m)	1000	600	600	400	300	400	150	70	150	70	
平曲线最小长度(m)	140	100	100	85	70	85	50	40	50	40	
圆曲线最小长度(m)	70	50	50	40	35	40	25	20	25	20	
缓和曲线最小长度(m)	70	50	50	45	35	45	25	20	25	20	
最大超高横坡(%)	6	4	4			4	2		2		
停车视距(m)	110	70	70	60	40	60	30	20	30		
最大纵坡(%)	6	7	7	8	9	7	9	9	9	9	
合成纵坡(%)	7	6.5	6.5	6.5	7	6.5	7	8	7		
纵坡限制长度(m)	400	300	300	200	300						
纵坡最小长度(m)	290	170	170	140	110	140	85	60	85	60	
凸型竖曲线最小半径(m)	3000	1200	1200	900	400	900	250	100	250	100	
凹型竖曲线最小半径(m)	1800	1000	1000	700	450	700	250	100	250	100	
竖曲线最小长度(m)	70	50	50	40	35	40	25	20	25	20	

2.3 路面的分类与分级

道路路面是供车辆直接行驶的部分，是整条道路的一个很重要的组成内容，它直接影响道路的行车速度、运输成本、行车安全和舒适程度。路面工程在整个道路造价中占有相当的比重，因此，合理地安排好路面建设，讲究科学，对延长道路的使用年限、降低运输成本、发挥投资效益具有十分重要的意义。

2.3.1 路面分类

路面按力学特性通常分为下列两种类型：

（1）柔性路面。主要包括用各种基层（水泥混凝土除外）和各类沥青面层、碎（砾）石面层、块料面层所组成的路面结构。柔性路面在荷载作用下所产生的弯沉变形较大，路面结构本身抗弯拉强度较低，车轮荷载通过各结构层向下传递到土基，使土基受到较大的单位压力，因而土基的强度、刚度和稳定性对路面结构整体强度有较大影响。

（2）刚性路面。主要指用水泥混凝土作面层或基层的路面结构。水泥混凝土的强度，比其他各种路面材料要高得多，它的弹性模量也较其他各种路面材料大，故呈现较大的刚性。水泥混凝土路面板在车轮荷载作用下的垂直变形极小，荷载通过混凝土板体的扩散分布作用，传递到地基上的单位压力要较柔性路面小得多。

路面按材料和施工方法可分为五大类：

1）碎（砾）石类。用碎（砾）石按嵌挤原理或最佳级配原理配料铺压而成的路面。一般用作面层、基层。

2）结合料稳定类。掺加各种结合料，使各种土、碎（砾）石混合料或工业废渣的工程性质改善，成为具有较高强度和稳定性的材料，经铺压而成的路面。可用作基层、垫层。

3）沥青类。在矿质材料中，以各种方式掺入沥青材料修筑而成的路面。可用作面层或基层。

4）水泥混凝土类。以水泥与水合成水泥浆为结合料、碎（砾）石为骨料、砂为填充料，经拌合、摊铺、振捣和养护而成的路面，通常用作面层，也可作基层。

5）块料类。用整齐、半整齐块石或预制水泥混凝土块铺砌，并用砂嵌缝后辗压而成的路面，用作面层。

2.3.2 路面分级

路面的技术等级主要是按面层的使用品质来划分的，并与道路的等级、交通量相适应，目前我国的路面分为四个等级：

（1）高级路面。它包括由沥青混凝土、水泥混凝土、厂拌沥青碎石、整齐石或条石等材料所组成的路面。这类路面的结构强度高，使用寿命长，适应的交通量大，平整无尘，能保证行车的平稳和较高的车速，路面建成后，养护费用较省，运输成本低。目前，我国城市道路和高等级道路一般都采用高级路面形式。

（2）次高级路面。它包括由沥青贯入式、路拌沥青碎（砾）石、沥青表面处治和半整齐块石等材料所组成的路面，与高级路面相比，其使用品质稍差，使用寿命较短，造价较低。

（3）中级路面。它包括泥结或级配碎砾石、不整齐块石和其他粒料等材料所组成的路面，它的强度低，使用期限短，平整度差，易扬尘，行车速度不高，适应的交通量较小，且维修工作量大，运输成本也较高。

（4）低级路面。它包括由各种粒料或当地材料将土稍加改善后所形成的路面，如煤渣土砾石土、砂砾土等。它的强度低，水稳定性和平整度均较差，易扬尘，交通量小，车速低，行车条件差，养护工作量大，运输成本很高。

课题3 道路路线基本知识

3.1 道路路线网

城市道路网在平面上的表现形式为平面几何图形，是城市总平面的骨架，各条道路彼此互相配合，把城市的各部分有机地联系起来。我国现有城市道路网的形式是在一定的历史条件下，结合当时的自然地形环境，适应当时的政治、经济、文化发展与交通运输需要逐步演变过来的。目前现有的道路系统结构形式主要有四种类型：方格网式、环形放射式、自由式和混合式。

3.1.1 方格式道路网

又称棋盘式道路系统。是道路网中最常见的一种。其干道相互平行，间距约为800～1000m，平行干道之间布置次要道路，将用地分为大小合适的街坊。多适用于地势平坦的中小城市或大城市的局部地区。我国一些古城的道路系统，多采用这种轴线对称的方格网形。如北京旧城、西安、洛阳、太原、开封、福州、苏州等均属于方格网式道路网。

方格网式道路系统的优点是布局整齐，有利于建筑布置和方向识别；道路定线方便；交通组织简便、灵活，不易造成市中心交通压力过重。其缺点是对角线交通不方便，非直线系数（即两点间经过道路的实际距离与空间直线距离的比值，又称交通曲度系数）较大（1.27～1.4），使市内两点间的行程增加，交通工具的使用效能降低。

3.1.2 环型放射式道路网

环形放射式是由市中心向外辐射路线，四周以环路沟通。多为旧城市向外发展而成，有利于市中心对外交通联系。多适用于大城市和特大城市。

环形放射式道路系统的优点是中心区与各区以及市区与郊区都有短捷的交通联系，非直线系数小（1.1～1.2）。缺点是交通组织不如方格网灵活，街道划分不规则，很容易造成市中心交通压力过重、交通集中。为消除这些缺点，分散市中心交通，可以布置两个或两个以上的市中心，也可根据交通情况，将某些放射干道置于二环路或三环路，以减轻对市中心的负担。

3.1.3 自由式道路网

自由式道路系统多以结合地形为主，路线布置依据城市地形起伏而无一定的几何图形。我国很多山丘城市地形起伏大，道路选线时为减小纵坡，常沿山麓或河岸布设。

自由式道路系统的优点是能充分结合自然地形，适当节约工程造价，线形流畅，自然活泼；缺点是城市中不规则街坊多，建筑用地分散、非直线系数大。适用于自然地形条件复杂的区域和小城市。

3.1.4 混合式道路系统

混合式道路系统也称为综合式道路系统，是以上三种形式的组合。所以，要合理规划，充分吸引其各式的优点，组合成一种较合理的形式。目前我国大多数大城市采用方格网式或环形放射式的混合式。如北京、上海、南京、合肥等城市在保留原有旧城方格网式的基础上，为减少市中心的交通压力而设置了环路或辐射路。

3.2 道路路线基本知识

城市道路的线形设计是指路线立体形状及其相关诸因素的综合设计。它通过道路的横断面设计、道路的平面设计、道路的纵断面设计三个方面把设计成果反映出来，即通常称为道路平、纵、横设计，三者既相互制约，又相辅相成。

一般来说，城市道路的平面定线要受到道路网布局、规划和沿街已有建筑物位置等因素的约束。平面线形只能在限定的范围内移动，定线自由度要比公路小得多。对于纵断面设计，由于城市所处地形一般都较平坦，纵坡问题比起山区公路往往也容易解决得多；但是，从城市道路的交通性质和组成部分来看比公路复杂得多，而且首先需要在横断面的布置设计中综合解决，因此，在城市道路的线形设计中，横断面设计是矛盾的主要方面，所以，一般都是先做横断面设计，然后再做平面和纵断面设计。

3.2.1 道路横断面基本知识

道路横断面，在直线段上是垂直于道路中心线方向的断面，而在平曲线段上则是通过切点并垂直于其切线方向的断面。城市道路的横断面设计必须在城市总体规划中确定的规划红线范围内进行。红线之间的宽度即道路用地范围，亦称道路的总宽度或称规划路幅。道路红线是一个法定边线，它是道路工程的设计依据，也是城市公用设施各项管线工程的用地依据。

城市道路的横断面是由车行道、人行道、绿化带和分车带等部分组成。公路的横断面由车行道、路肩、边沟、边坡、分隔带等部分组成。根据道路功能和红线宽度的不同，它们之间可有各种不同形式的组合。

横断面设计应根据道路等级、道路性质和红线宽度以及有关交通资料，确定道路各组成部分的宽度，并给予合理布置。首先要保证车辆和行人的交通安全与畅通；其次必须满足路面排水及绿化、地面杆线、地下管线等公用设施布置的工程技术要求；第三，横断面的布置应与道路功能、沿街建筑物性质、沿线地形相协调；第四，应做到节约用地、降低造价，多方案比较，并考虑近远期规划与建设的结合、过渡。

横断面设计要根据路线在平面、立面上的特点，从实际出发，综合考虑。在设计中，规划红线宽度、道路功能、交通组织方式和交通资料的调查与分析，是城市道路横断面设计的主要依据。

（1）标准横断面图

标准横断面图是从横断面的角度，反映出道路设计各组成部分的位置、宽度和相互关系，也反映出与道路建设有关的地面和地下公用设施布置的情况。它包括道路总宽度（建筑红线宽度）、机动车道、非机动车道、分隔带和人行道等组成部分的位置和宽度，并表明地面上有照明灯和地下管道布置的位置、间距、管径等基本情况。公路的横断面应包括车行道、路肩宽度、边沟、边坡、分隔带等的位置和宽度以及边坡的大小等。

横断面图冠以"标准"两字，其含义是它只具备"共性"，而不表示"个性"问题，要了解横断面变化及每个里程桩号横断面的具体情况必须查找施工横断面图。

标准横断面图一般采用 1:100 或 1:200 的比例尺。在该图上应绘出各个组成部分的宽度和位置以及排水方向、路拱横坡等。城市道路标准横断面（三幅路）见图 1-1，公路标准横断面如图 1-2 所示。

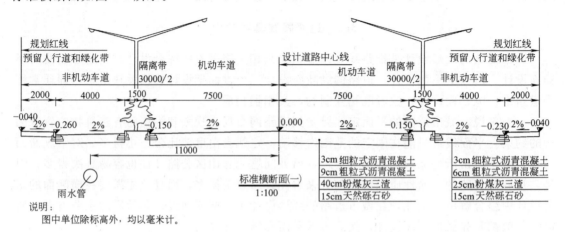

图 1-1 城市道路标准横断面图（三幅路）

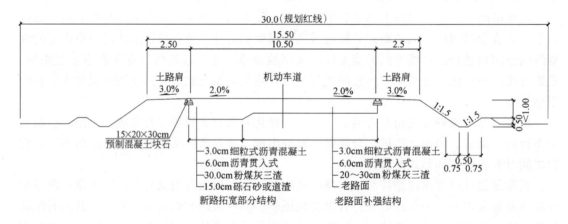

图 1-2 公路标准横断面图

（2）施工横断面图

施工横断面图是在现状横断面图的基础上，根据道路纵断面设计里程桩号、设计标高，以相同的比例尺，把标准横断面图套上去，用以表明各桩号的填或挖的情况和形状，是用来计算土石方工程量和施工放样的工程图。一般常采用 1:100 或 1:200 的比例尺。地面线一般用细实线，设计线为粗实线。在图的下方都标注出桩号、中心填或挖的高度（米）和填或挖的数量（平方米）。根据填挖情况可将路基横断面分为三种类型：全填式（路堤式）、全挖式（路堑式）和半填半挖式，分别如图 1-3 所示。

3.2.2 道路平面基本知识

（1）概述

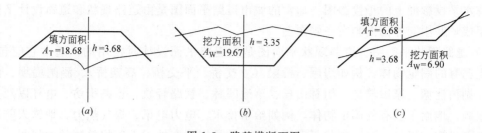

图 1-3 路基横断面图
(a) 路堤式；(b) 路堑式；(c) 半填半挖

道路的平面线型，通常指的是道路中线的平面投影，主要由直线和圆曲线两部分组成。对于等级较高的路线，在直线和圆曲线间还要插入缓和曲线，此时，该平面线型则由直线、圆曲线和缓和曲线三部分组成。这种线形比起前者，对行车更为平顺有利，对于城市主干道的弯道设计，宜尽可能设置缓和曲线。

在道路平面线型中，直线是最简单，最常用的线型。它的前进方向明确，里程最短，测设和施工最方便，行车迅速通畅，但过长的直线又易引起驾驶员的单调疲劳，往往出现过高的车速而发生事故，因此要避免使用过长的直线，并注意直线的设置要与地形、地物、环境相适应。

在平面线形中，圆曲线是使用最多的基本线形。圆曲线在现场容易设置，可以自然地表明方向的变化。采用平缓而适当的圆曲线，既可引起驾驶员的注意，又常常促使他们紧握方向盘，而且可以正面看到路侧的景观，起到诱导视线的作用。从行车的要求来说，道路线型首先要求顺直，不可弯弯曲曲，其次是车辆能以平稳的车速行驶。

城市道路的平面设计，一般是在城市道路网规划的基础上进行的，而公路则需依据勘测选线的结果。进行道路的平面设计，就是要把道路的走向及其位置明确地肯定下来。城市道路由于地处城市，在设计中需考虑各种因素的影响，如城市交通、运输、建筑、地上地下管线、绿化、照明等，因此，合理设计平面线型，是保证汽车能否达到安全、迅速、经济以及舒适的最关键的一步。平面设计的主要内容包括以下几个方面：

1) 图上和实地定线：即确定所设计路线的起、终点及中间各控制点在地形图上和实地上的具体位置。

2) 平曲线半径的选定以及曲线与直线的衔接，依情况设置超高、加宽和缓和曲线等。

3) 验算弯道内侧的安全行车视距及障碍物的清除范围。

4) 进行沿线桥梁、道口、交叉口和广场的平面布置，道路绿化和照明布置以及加油站和汽车停车场等公用设施的布置。

5) 绘制道路平面设计图。道路平面设计图比例可根据具体需要而定，一般为 1:500 或 1:1000。

道路平面设计必须遵循保证行车安全、迅速、经济以及舒适的线形设计的总原则，并符合设计规范、技术标准等有关规定和要求。综合考虑平、纵、横三个断面的相互关系，平面线形确定后，将会影响交通组织和沿街建筑物的布置、地上地下管线网布置以及绿化、照明等设施的布置，所以平面定线时须综合分析有关因素的影响，作出适当的处理。

（2）道路平面图

道路平面图又称为线路平面图，它是将道路建设范围所有与道路有关连的固定物体，投影在水平投影面上的正投影图。通常的城市道路平面图是由道路现状和道路设计平面两部分组成，并用同样比例画在一张图上。

1) 道路现状平面图。道路现状平面图是供道路平面设计时使用的，通常它应包括：地面上已有的固定物体，例如房屋、桥梁（立交桥、平交桥、高架桥）、涵闸堤坝、河流沟壑、湖泊池塘、家田耕地、树林山丘、草地园林、铁路轻轨、道路街坊、电杆以及其他地面设施；地面下已有的固定物体，例如给水排水、电力电讯、煤气热力、地铁人防以及其他地下设施。可见，道路现状平面图实际上就是标注有地下人工构筑物的地形图。

地形图是由实测获得。通常采用的比例是 1∶500 或 1∶1000 或更大，它用等高线和图例的方法绘制成图，作为道路平面设计的依据。

2) 道路设计施工平面图。简称平面图。是设计者表明道路平面布置的情况并提供施工的图纸，在平面图上标明了道路红线范围，机动车道、非机动车道、人行道、花坛、分隔带、桥涵、排水沟、挡土墙、倒虹吸、立交桥、台阶、雨水口和检查井等地面建筑或构筑物的设计平面位置，以及地下各种管线等设计平面位置。主要包括下列基本内容：

A. 道路设计中心线：简称中线，这是表示道路走向的轴线，常用细点画线绘制。中线是丈量道路的长度、路基和路面的宽度以及平曲线半径等的基准线。

由于城市道路并不完全都是按道路规划的标准横断面一次建成。因此，在平面图中，常可见到的一条细双点画线，这就是规划中心线。

B. 里程桩号：是表示道路总长和分段长的数字标注。通常在中线上从起点到终点沿道路前进方向左侧标注的数字表示千米数，右侧数字则表示不足 1km 的余数，两数之间用符号"+"连接，表示的符号是英文字母"K"，单独写桩号时，必须写上千米符号，在平面图上则可不写，例如 4+405.98（亦可写成 K4+405.98），口语则念成 K4 加 405 点 98。它表示该处位置距离道路起点心距离为 4405.98m。

一般城市道路采用每 20m 设桩的方法（公路为 50m），在平面图中看到非 20 进位的桩号，称为加桩或碎桩。设置加桩的原因很多，例如地形起伏变化、平曲线起止位置、桥涵或其他构筑物位置等。通常在平面图中书写桩号都是采用垂直于中线的方式。

C. 道路建筑红线：简称红线，它是表示道路建设范围的边界线，在红线内的一切不符合设计要求或妨碍设计修建的建筑物、构筑物、地下管线和其他设施，都应拆除。在平面图中常用粗实线绘制。

D. 横断面布置：道路横断面组成有机动车道、非机动车道、人行道、分隔带、花坛和树穴等。图中均用粗线或中实线于相应的平面位置绘制。

E. 平曲线：当道路转折时，为使相交两条折线能平滑地衔接，以满足车辆行驶的要求而设置的曲线段，也称为"弯道"。在平面图中，除绘制出曲线段外，还要标注出曲线要素。曲线要素是给定的道路中线的技术条件和制约。图 1-4 是圆曲线要素的几何图及其符号。

根据上图，按照几何关系可算出 T、L、E 等圆曲线要素：

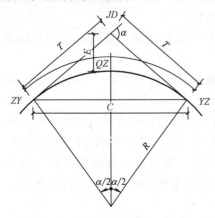

图 1-4　圆曲线要素示意图

切线长: $T = R \cdot \tan\alpha/2$

曲线长: $L = \pi/180 \cdot R \cdot \alpha$

外距长: $E = R \cdot (\sec\alpha/2 - 1)$

各符号的含义是:

JD_n——表示道路转折处的交点,用桩号表示,n表示沿道路前进方向转折点编号;

α_n——表示转折角,以度计,n的含义同上;

R——表示圆曲线半径,以米计;

T——表示切线长度,以米计;

E——表示外距(矢矩),即指交点到曲线顶点(中点)的距离,以米计;

L——表示曲线长度,以米计;

C——表示曲线的弦长,以米计;

ZY——表示圆曲线起点(进弯点),用桩号表示;

QZ——表示曲线中点,用桩号表示;

YZ——表示圆曲线止点(出弯点),用桩号表示。

在平面图中,曲线起点、中点和止点的位置都用桩号标注。当转折点太多,为方便识图也可采用曲线表的方式,集中反映道路全线的曲线元素。

F. 坐标:是表示某一点在平面上的位置。平面图上道路起点和转折点通常是采用国家规定的北京坐标系的坐标来表示。

G. 水准点:在平面图上常是沿线设置,并且标出它的编号、高程数和平面的相对位置。如在平面图上标出 $\underline{\quad BM_5 \quad 5.653 \quad}$
2+218.75 右侧约 15m 距离的电线杆

这就是表示 5 号水准点(BM 是水准点中心符号)设置在 2+218.75 右侧约 15m 距离的电线杆上,它的高程为 5.653m。

H. 图例表示:电力、电讯、电缆、给水排水、煤气、热力管道等地下管网和其他构筑物,需要与道路同步建设的项目等,在平面图中常采用图例绘制出它们的平面位置和走向。

道路平面图如图 1-5 所示。

3)道路平面图的识读。

A. 首先要阅读平面图设计的文字说明,包括图纸上说明,弄清设计意图和重点,特别是图纸不易展示清楚的部位。

B. 对照图例,看清楚道路现状平面图,特别是地面下的现状,由于图例的不统一,各地区和各城市都采用一些习惯图例,更应引起读图者的注意。

C. 仔细阅读设计平面图,从中获得道路的组成内容、几何形状、尺寸和位置,曲线及其要素,构筑物类型和位置,水准点位置和高程,道路的起止桩号和总长,道口布置等。

D. 如果发现有错处或是看不懂或是不清晰和遗漏,都应记录下来。

3.2.3 道路纵断面基本知识

(1)概述

道路在平面定线时,一般已考虑了道路纵断面的有关因素。一般来说,沿道路中心线

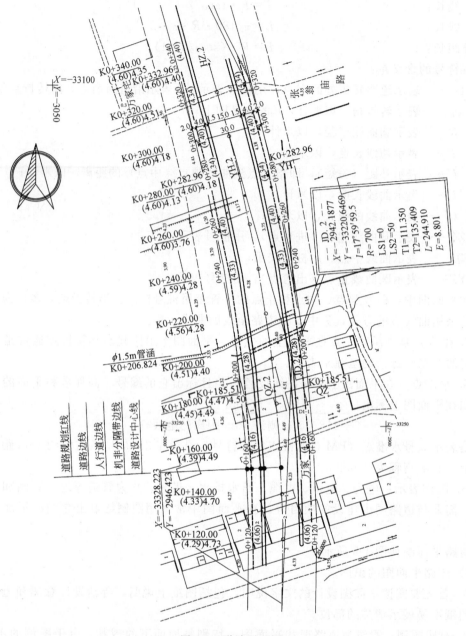

图 1-5 道路平面图

的竖向剖面即为道路的纵断面，它表示了道路在纵向的起伏变化状况。在纵断面图上表示原地面的标高线称为地面线（又称黑线），地面线上各点的标高称为地面标高，沿道路中心线所设计的纵坡线称为纵断面设计线（又称红线），纵断面设计线上的各高程称为设计标高。路线任一横断面上的设计标高与地面标高之差值称为施工高度，它表示该横断面是填方还是挖方，当设计线高出地面线时为填土，即为填方路段，反之则为挖方路段，设计线与地面线重合则为没有填挖。在设计路基的填挖高度时，需要加减路面结构层厚度。确定道路中线在立面上相对于地面的位置和起伏关系的工作，称为道路的纵断面设计。

在城市道路设计时，一般均以车行道中线的立面线形作为基本纵断面。

城市道路纵断面设计线根据地形的起伏，有时上坡，有时下坡，在纵坡变化点处常用线把直线坡段连接起来，这就组成了道路的纵断面线形，如图1-6所示。在平原地区的城市道路上，当纵坡小于最小纵坡时，应在道路两侧作锯齿形街沟设计。最小纵坡是对两侧布满建筑物的城市道路和各级公路的长路堑地段，以及其他横向排水不畅的路段，为了保证排水，防止水分渗入路基而设置的不小于0.3%的纵坡度，一般情况下以采用不小于0.5%为宜。

图1-6 道路纵断面线型

道路纵断面设计是根据所设计道路的等级、性质以及水文、地质、土质和气候等自然条件下，在完成道路平面定线及野外测量的基础上进行的。主要完成下面几项工作：

1) 依据控制标高来确定设计线的适当标高；
2) 确定设计沿线各路段的坡长及纵坡度；

各级道路的纵坡坡长必须满足规范规定的最小坡长要求，而纵断面上每两个转坡点之间连线的坡度叫做纵坡度，如图1-7所示，转坡点1在转坡点2的前方，其计算式为：

$$i = H/L$$

式中　i——道路纵坡度（%或‰）；
　　　H——转坡点之间的高差（m）；
　　　L——转坡点之间的水平距离（m）。

城市道路的纵坡度通常以"‰"来表示，公路通常以"%"来表示，按行车前进方向规定，上坡为"+"，下坡为"−"。

3) 设置竖曲线及计算竖曲线各要素，如图1-8所示；

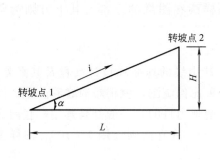

图1-7 纵坡度计算图式

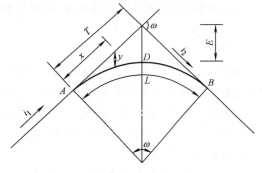

图1-8 竖曲线要素计算图

竖曲线各要素可用下列近似公式计算：

转坡角：　　　　　　　　　　$\omega = i_1 - i_2$
曲线长：　　　　　　　　　　$L = |\omega| R$

切线长： $\qquad T=L/2$

外　距： $\qquad E=T^2/2R$

纵　距： $\qquad y=x^2/2R$

式中　i_1、i_2——分别为相交坡度线的坡度值，上坡为"+"，下坡为"一"；

　　　　ω——凸形竖曲线为"+"，凹形竖曲线为"一"；

　　　　x——竖曲线上任一点距切线起（终）的水平距离；

　　　　y——竖曲线上任一点距切线的垂直高度。

4) 计算各桩号的设计标高；

对凸形竖曲线：设计标高=切线标高一y

对凹形竖曲线：设计标高=切线标高+y

5) 计算各桩号的施工高度；

施工高度=设计标高一地面标高，"+"为填方，"一"为挖方；

6) 城市道路中，若道路纵坡小于排水要求的纵坡度时，应进行锯齿形街沟设计；

7) 标注交叉口、桥涵以及有关构筑物的位置及高程，完成纵断面图的绘制工作。

纵断面设计合理与否，对工程造价将产生很大的影响，对车辆的行车安全亦至关重要，因此，纵断面设计时首先应保证行车的平顺，安全和有较高的车速，在较大的转坡角处宜用较大半径的竖曲线来连接，并且满足行车视距的要求，以保证行车的安全与顺畅；其次应与相交道路、街坊、广场和沿街建筑出入口有平顺的衔接；第三，为了减少工程填挖方数量，降低工程造价，力求路基的稳定，在纵断面设计中，应使设计线与地面线相接近，设计时应做到陡坡宜短、缓坡宜长，满足最大纵坡和最小纵坡的要求，一般来说，考虑到自行车和其他非机动车的爬坡能力，最大纵坡宜取小些，一般不大于 2.5%，否则应限制坡长，最小纵坡应满足纵向排水的要求，一般应不小于 0.3%～0.5%，否则应做锯齿形街沟设计；第四，道路纵断面设计标高应保证管线的最小覆土深度，管顶最小覆土深度一般不小于 0.7m。另外应考虑路基的适当高度，应注意与平面线形的配合，特别是平曲线与竖曲线的协调。

(2) 道路纵断面图

道路纵断面图由图样和资料表两部分组成。图样画在图纸的上部，其下方则为资料表。

1) 图样部分

纵断面图的水平向表示道路长度，垂直向表示设计中线的地面和设计高程及其高差，道路工程的路线的长度比高差要大很多，若采用同一种比例制图，就很难兼容和兼顾。因此，通常是各自采用各自的比例，以能恰如其分表达清晰为目的，一般都是选用垂直向比水平向的比例放大 10 倍，例如水平向比例选用 1∶1000，垂直向则选用 1∶100，图样主要包括下列基本内容：

A. 地面线：是设计中线上一系列桩号处原路面高程的连接线，反映在图上是一条不规则的折线。通常用细实线表示。

B. 设计线：是设计中线上一系列桩号处的设计地面线。它由直线和曲线（竖曲线）组成。通常用粗实线表示。

C. 竖曲线：当设计纵坡变更时，且相邻两纵坡差绝对值超过规范，为利于行车而在变坡点处设置的圆曲线。由于它设在垂直方向，所以称为竖曲线，有凸凹两种形状。在竖曲线范围内必须标明其要素半径 R、切线 T 和外距 E，并标明竖曲线的起点和终点。

D. 桥涵及其他构筑物标注：桥涵及其他构筑物的名称、编号、种类、大小和中心桩号，都要在图上标注清楚。

E. 水准点的标注方式与平面图相同。

F. 地质柱状图是表明道路所在建筑地段的地质情况。由钻探孔位所取得的各层岩芯样品，并经试验室测定而获得的类别鉴定，天然含水量、液塑性、塑性指数和其他物理力学指标等资料，用柱状图形和图例加文字相结合的方式，绘制和标注在纵断面图上。

2）资料表部分

A. 平面线栏：它是道路平面图的中线示意图，也称之为平面示意图栏目，水平线表示直线段。凸形表示沿前进方向右转的平曲线，凹形表示左转的平曲线。两垂直线之间的距离表示平曲线长度，并且还有写在两垂直线之间的平曲线要素 JD、R、T、E 和 L。

B. 桩号栏目：除了应该有与平面图保持一致性的桩号外，例如：20m 递增的整桩号，平曲线的 ZY、QZ 和 YZ 桩号，构筑物中心桩号和水准点位置桩号等。还有因地形突变点的加桩。

C. 地面标高栏目：表示原地面实测的地面标高。一般情况下，有桩号的地方都应有地面标高。

D. 设计标高栏目。根据纵坡计算出的设计标高。一般有桩号的地方都标注有设计标高数。

E. 填挖栏目：填挖是指设计标高与地面标高之差，前者大于后者为填，反之为挖。因此，凡桩号标注有设计和地面标高时，都有填或挖的数值，单位为米。

F. 纵坡与坡长栏目：纵坡是设计纵坡坡度的简称。它是以相邻两点的设计标高差为分子和以两变更点之间的水平距离（即坡长）为分母的比值，常用百分率表示，如 2%。同时，以变更点所在桩号为准，将栏目划分为若干格，在每格间画一道对角线或水平线，并在线上方标注纵坡值（%），线下方标注坡长（米），以表示纵坡的性质和参数。当对角线由低向高，则为上坡；反之则为下坡；水平线则为平坡，用"0"表示。

道路纵断面如图 1-9 所示。

3）道路纵断面图的识读

A. 看清图样是否与资料表相符。

B. 与道路平面图对照识读。

C. 注意竖曲线和构筑物的桩号、曲线要素和标高。

D. 发现问题，如实记录。

3.2.4　城市道路交叉口的基本知识

（1）概述

当一条道路和另一条道路相交时即成交叉口，它是城市道路系统中的重要组成部分，是道路交通的咽喉，相交道路的各种车辆和行人都要在交叉口处汇集、通过，并进行转向，因此在交叉口处易引起交通的阻塞，并直接影响到整条道路的通行能力，而且，根据调查资料统计说明，约有半数以上的交通事故发生在交叉口，在所有交通事故中居首位。所以，正确、合理地进行交叉口的设计，对减少并消除交叉口的交通事故是非常重要的。

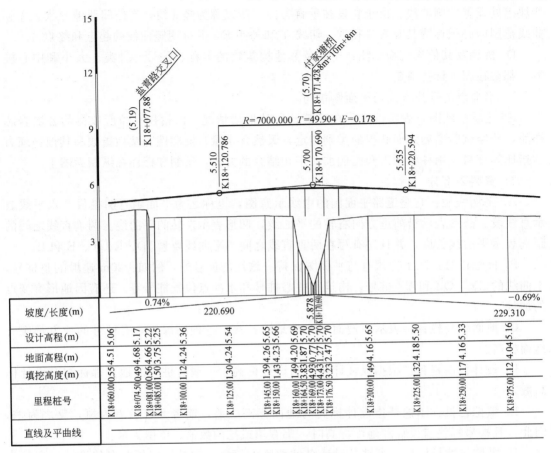

图 1-9 道路纵断面图

交叉口有直行和转弯（左转和右转）行驶的车辆，当来自不同行驶方向的车辆以较大的角度相互交叉的地点，称为冲突点，亦称交叉点；当来自不同行驶方向的车辆以较小的角度向同一方向汇合的地点，称为汇合点，亦称合流点；当同一行驶方向的车辆向不同方向分开的地点，称为分叉点，亦称分流点。

上述不同类型的交错点，都存在着碰撞的危险，但其中以左转与直行车辆和直行与直行车辆所产生的冲突点对交通的影响最大，其次是汇合点，再其次是分叉点。因此，在交叉口设计中要尽量设法减少和消灭冲突点，其次是汇合点和分叉点。

在交叉口处，如果机动车和非机动车同时通过，则产生的冲突点更多。

在规划和设计交叉口时，应尽量避免五条以上道路的相交，使交通简化。为了减少交叉口上的冲突点，保证交叉口的交通安全，可以采取一些措施，通常减少或消除冲突点的方法有三种：进行交通管制、实行渠化交通（合理地布置交通岛，如方向岛等，组织车流分道行驶，分别设置左转、直行和右转车道，并将冲突点转变为交织点，减少车辆行驶时的相互干扰）、作立体交叉（将互相冲突的车辆分别布置在两个不同平面的车行道上，各行其道，互不干扰）。

交叉口的行车安全和通行能力，在很大程度上决定于交叉口的形式和交通组织，因此，在设计交叉口时，首先必须考虑交叉口的形式选择和交通组织。

平面交叉口设计的基本要求有两个方面：一是保证相交道路上所有车辆和行人的安全和畅通，在安全的前提下，尽量减少交叉口的等候时间，提高交叉口的通行能力；二是保证交叉口范围内的地面水迅速排除，进行合理的交叉口竖向设计，保证左转弯车辆的安全。除了这两点以外，还应考虑交叉口范围内的地下管线布置，交叉口范围内的雨水口布置、绿化、照明及与周围建筑物的协调等。

交叉口的设计内容如下：

1) 正确选择交叉口的形式，确定各组成部分的几何尺寸，包括交叉口转角的缘石半径，交叉口车行道宽度及缘带、交通岛等具体尺寸；

2) 合理布置交叉口范围内各种交通设施，包括交通信号标志、行人横道线、照明等；

3) 进行交叉口立面设计和布置雨水进水口、排水管道的位置；

4) 验算交叉口范围内是否满足行车视距的要求。

(2) 平面交叉口的基本类型及特点

平面交叉口的类型，决定于道路网的规划，交叉口的用地范围以及交通量、交通性质和交通组织等。按道路相交条数和相交角度可以分为：

1) 十字形交叉。相交道路夹角 90°±15°范围内的四路交叉。此种交叉形式简单，交通组织方便，与周围景观容易协调，因此采用得最多。它可用于相同等级或不同等级道路的交叉，在道路网规划中它是最基本的形式之一。

2) X字形交叉。相交道路交角小于 75°或大于 105°的四路交叉。此种交叉口当相交的锐角较少时将形成狭长的交叉口，对交通十分不利，特别对左转车辆更加不利，锐角街口的建筑也难处理。

3) T形交叉。相交道路交角为 90°或在 90°±15°范围的三路交叉。

4) Y形交叉。夹角小于 75°或大于 105°的三路交叉。

5) 错位交叉。由两个方向相反距离很近的 T 形交叉所组成的交叉口。

T 形交叉口，Y 形交叉口和错位交叉口均为主要道路和次要道路的交叉，主要道路设在交叉口的顺直方向。

6) 环形交叉，在交叉口中央设置较大的圆形或其他形状的中央岛，所有车辆绕岛作逆时针行驶直至离岛驶去。此种形式的交叉口使所有直行、左右转弯车辆均能在交叉口沿同一方向顺序前进，避免了因交叉口红绿灯管制而发生周期性的交通阻滞，并消灭了交叉口上的冲突点，提高了行车的安全。

7) 复合交叉。复合交叉口指五条及以上的道路交汇的地方，交叉口中心较突出，但交通组织不便，且占地较大，必须慎重全面地考虑。

(3) 交叉口竖向设计图

交叉口竖向设计的目的是合理地设计交叉口的标高，以利行车和排水。常采用等高线设计法，如图 1-10 和图 1-11 所示。

3.2.5　城市道路结构大样图

(1) 路面结构层的划分及其作用

路面是由各种材料铺筑而成的，通常由一层或几层组成，由于行车荷载和自然因素对路面的作用，随着路面深度的增大而逐渐减弱，因而对路面材料的强度、刚度和稳定性的要求也随着深度而逐渐降低。为适应这一特点，绝大部分路面做成多层次的，按照使用要

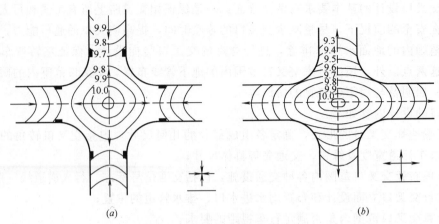

图 1-10 交叉口等高线立面图
(a) 凹形地形交叉口立面设计；(b) 凸形地形交叉口立面设计

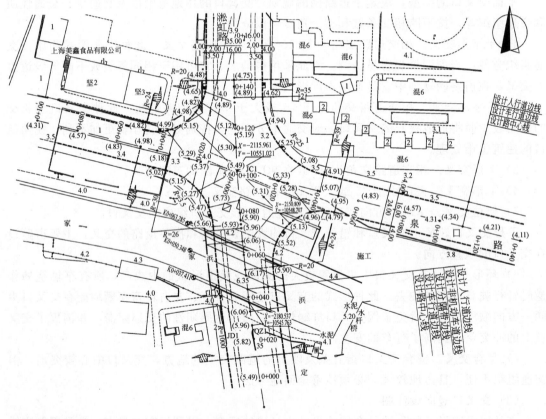

说明：1. 图中尺寸单位均以 m 计，括号内为设计标高；
2. 淞虹路桥中设计控制标高为 6.17m，JC1 设计控制标高为 5.49m，桥上设一凸型竖曲线，竖曲线顶点在桥中，两侧纵坡均为 1.727%，$R=1200m$，$L=41.45m$，$T=20.72m$，$E=0.18m$，转坡点标高为 6.35m；
3. 泉口路 JC1 设计控制标高为 5.49m，因泉口路尚未施工，在 JC1 处设一凸型竖曲线，转坡点标高为 5.60m，两侧纵坡均为 1.29%，$R=1200m$，$L=33.54m$，$T=16.77m$，$E=0.11m$；
4. 为使泉口路交叉口设计标高与原路面设计标高接顺，在 JC1 东侧 100m 处设一凹型竖曲线，转坡点标高为 4.31m，$R=8000m$，$L=40.00m$，$T=20.00m$，$E=0.03m$。

图 1-11 交叉口设计图

求、受力状况、土基支承条件和自然因素影响程度的不同，在路基顶面分别铺设垫层、基层和面层等结构层。

1）面层：面层是直接承受车辆荷载及自然因素的作用，并将荷载传递到基层的路面结构层。由于面层承受行车荷载的垂直力、水平力和冲击力以及温度和湿度变化的影响最大，因此，面层应具备较高的结构强度、耐磨、不透水和温度稳定性，并且其表面还应具有良好的平整度和粗糙度，同时还应满足抗滑性、耐久性、扬尘少、噪声小等特点。面层可由一层或数层组成，高等级路面的面层可以包括磨耗层、面层上层和面层下层等。

2）基层：基层分上基层和下基层，主要承受由面层传来的车辆荷载垂直力，并把它扩散到垫层和土层中，故基层应有足够的强度和良好的稳定性，同时应具有良好的扩散应力的性能，这些基本的要求是保证路面强度与稳定的基本条件，提高路基的强度与稳定性，可以减少路面厚度、降低路面造价。

3）垫层：在土基与基层之间设置垫层，其功能是改善土基的湿度和温度状况，以保证面层和基层的强度和稳定性不受冻胀翻浆的作用。垫层通常设在排水不良和有冰冻翻浆路段，在地下水位较高地区铺设的垫层称为隔离层，能起隔水作用；在冻深较大的地区铺设的垫层称为防冻层，能起防冻作用。此外，垫层还能扩散由面层和基层传来的车辆荷载垂直作用力，以减小土基的应力和变形；而且它也能阻止路基土挤入基层中，影响基层结构性能。

（2）路面结构层图（图1-12、图1-13）。

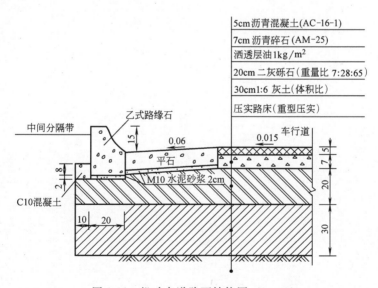

图1-12 机动车道路面结构图（1∶15）

路面结构组合要求：路面面层必须具有足够的强度和抗变形能力，在其下各层的强度和抗变形能力自上而下逐渐减小。也就是各结构层应按强度和刚度自上而下递减的规律安排，以使各结构层材料的效能得到充分的发挥。按这规律，结构层的层数愈多愈能体现强度和刚度沿深度递减的规律。但就施工工艺和材料规格而言，层数又不宜过多，不能使结构层的厚度过小。适宜的结构层厚度需结合材料供应、施工工艺并按相关规定确定，从强

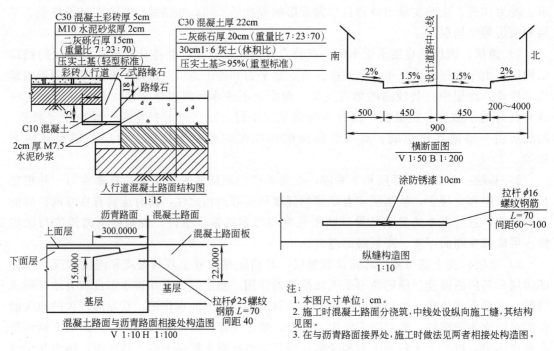

图 1-13　水泥混凝土结构详图

度要求和造价考虑，自上而下由薄到厚。

单元 2 路基工程施工

路基不仅是道路的重要组成部分，同时，又是路面的基础。路基的施工质量直接关系到整个道路工程的质量，没有坚固稳定的路基，就没有稳固的路面。路基的强度和稳定性，是保证路面强度和稳定性的先决条件。具有良好强度和稳定性的路基，可以减薄路面的厚度，提高路面的使用品质，延长其使用寿命，降低工程费用。反之，路基施工质量低劣，必然导致路面破坏或加速路面的破坏。路基的各种病害还关系到养护费用增加，以致影响交通运输的畅通与安全，因此，对路基施工要充分重视。

路基的强度和稳定性，不仅要通过设计予以保证，而且要通过施工得以实现。路基工程具有施工较简单、工程数量大、耗费劳力多、涉及范围广等特点。一般来说，路基土石方工程约占总工程的60%～70%，对施工期限的影响较大，往往控制着整个工程的施工工期。

公路施工是野外作业，山区自然条件差、运输不方便，物质设备与施工队伍的供应与调度难，路基工地分散，工作面狭窄，遇有特殊地质不良现象等，易使一般的技术问题复杂化，甚至难以用一般常规的方法与经验进行解决。城市道路路基的施工条件，比公路往往优越，突出表现在物质供应、生活条件及通讯运输等方面，比较容易安排，但亦有不利的方面，如拆迁物多、地下管线多、配套工程多、施工干扰多。此外，施工中还存在：场地布置难、临时排水难、用土处置难、土基压实难等不利的因素。路基的隐蔽工程较多，易留有隐患，导致妨碍交通及经济损失。

暴露在自然环境中的路基，常常会受到自然因素和人为因素的影响，导致路基的各种病害产生，影响交通运输的畅通与安全，因此，合理组织路基施工，提高路基工程质量，有着重要的经济技术意义。

路基土石方工程量大，分布不均匀，不仅与自身的其他工程设施（如路基排水、防护与加固等）相互制约，而且同公路工程的其他项目（如桥涵、路面等）相互交错且关系密切。因此，路基建筑往往成为整个公路施工进展的关键。为确保工程质量，实现快速、高效、安全施工，必须重视施工技术与管理，合理选择施工方法，周密制定施工组织计划，应用并推广先进的技术，切实做好安全生产等，这是高速发展公路事业的需要，亦是实现"精心施工"的必由之路。

课题 1 路基组成和基本构造

1.1 路基土石分类

1.1.1 路基用土的分类

土分类依据：颗粒组成、塑性指数 W_i、液限 W_1。

(1) 按施工开挖的难易程度分类：
一类土：松软土
二类土：普通土
三类土：坚土
四类土：砂砾坚土
(2) 按土的工程性质分：
土的性质对路基强度与稳定性影响很大，分五组十类：
1) 砂土组：无塑性，但透水性良好，毛细水上升高度很小，具有较大的摩擦系数，粘结性小，易于松散。
2) 砂性土组：颗粒组成级配较好，具有足够的内摩擦力和一定的粘结力，易于构成平整坚实的表面，是修筑路基的良好材料。
3) 粉性土组：含有较多的粉粒，毛细水上升高度大，干时易被风蚀，浸水后很快被湿透，常引起冻胀与反浆，是最差的筑路材料。
4) 黏性土组：透水性差，粘结力强，干时坚硬不易挖掘，潮湿时膨胀性和塑性都很大。
5) 重黏土组：不宜用来修筑路基。
亚砂土和亚黏土，工程性质介于砂土和黏土之间，经压实后，强度较高，稳定较好，施工方便是理想的路基用土。粉土是工程性质最差的土。
(3) 土的野外鉴别见表2-1。

野外鉴别　　　　　　　　　　　　　表2-1

土类	干态	潮湿
砂土	一碰即碎，有颗粒感	不能搓成土条
砂性土	能轻易捏碎，有颗粒感	能搓成$d=3\sim5mm$的土条
黏性土	土块坚硬，不易捏碎，无颗粒感	能搓成$d=1\sim2mm$的土条
粉性土	能轻易捏碎，无颗粒感	不能搓成土条
重黏土	土块坚硬，不易捏碎，无颗粒感	能搓成$d\leqslant1mm$的土条

1.1.2　路基用石的分类
(1) 松石：片岩。
(2) 次坚石：砂岩，云母岩等。
(3) 普坚石：石灰岩等。
(4) 特坚石：花岗岩等。
公路路基土石方按开挖难易分级见表2-2。

1.1.3　路基的干湿类型
路基干湿类型可分为干燥、中湿和潮湿、过湿四类。这四种类型表示路基工作时路基土所处的状态。处于干燥状态的路基，土基干燥稳定，路面强度和稳定性不受地下水和地表积水的影响；处于中湿状态的路基，土基上部土层处于地下水或地表积水影响的过渡带区内；处于潮湿状态的路基，土基上部土层处于地下水或地表积水毛细影响区内；处于过湿状态的路基极不稳定，冰冻区春融翻浆，非冰冻区软弹土基经处理后方可铺筑路面。

公路路基土石方按开挖难易分级表　　　　表 2-2

分级	分类	土石名称	钻1m所需时间		双人打眼（2天）	爆破1m³所需炮眼深度（米）		开挖方法
			1	2		路堑	隧道导坑	
Ⅰ	松土	砂类土，种植土，中密的砂性土及黏性土，松散的水分不大的黏土，含有30mm以下的树根或灌木根的泥碳土石名称						用脚蹬锹一下到底
Ⅱ	普通土	水分较大的黏土，密实的砂性土及黏性土，半干硬的黄土，含有30mm以上的树根及灌木根的泥碳土，石质土(不包括块石及漂石土)						部分须用镐刨松再用锹挖，或连蹬数次才能挖动
Ⅲ	硬土	硬黏土，密实的硬黄土，含土较多的块石土及漂石土，各种风化成土块的岩石						必须全部用镐刨松才能用锹挖
Ⅳ	软石	多种松软岩石，胶结不紧的砾岩，泥质页岩，砂岩，较坚硬的泥灰岩，块石土及漂石土，软而节理较多的石灰岩	<7		<0.2	<0.2	<2.0	部分用撬棍或十字镐及大锤开挖，部分用爆破法开挖
Ⅴ	次坚土	硅质页岩，硅质砂岩，白云岩，灰岩，坚硬的泥灰岩，软玄武岩，片麻岩，正常岩，花岗岩	<15	7～20	0.2～1.0	0.2～0.4	2～3.5	用爆破法开挖
Ⅵ	坚石	硬玄武岩，坚实的石灰岩，白云岩，大理石，石英岩，闪长岩，粗粒花岗岩，正常岩	>15	>20	>1	>0.4	>3.5	用爆破法开挖

1.2 路基基本构造

路基由宽度、高度和边坡坡度等所构成。就路基稳定性和横断面经济性的要求而论，路基的边坡坡度及相应的措施，是路基设计的重点内容之一。

1.2.1 路基宽度

为满足车辆及行人在公路上正常通行，路基需有一定的宽度。公路路基宽度是指在一个横断面上两路缘之间的宽度，如图 2-1 所示。

（1）行车道数及行车道宽度

行车道数是根据远景年设计小时交通量和一条车道的设计通行能力，并考虑公路的等级及不同路段而决定。行车道数可分为单车道、双车道、四车道及多车道。

高速公路和一级公路，一般为四车道。高速公路必要时车道数可按双数增加。一般公路普遍是双车道。交通量不大的山岭区四级公路可采用单车道，并在适当距离及地点设错车道。

行车道宽度主要取决于车道数和每一车道的宽度。目前采用的一个车道宽度一般为 3.5～3.75m。2003年交通部颁发的《公路工程技术标准》（JTG B01—2003）（以下简称《标准》）中规定的行车道宽度见表 2-3。

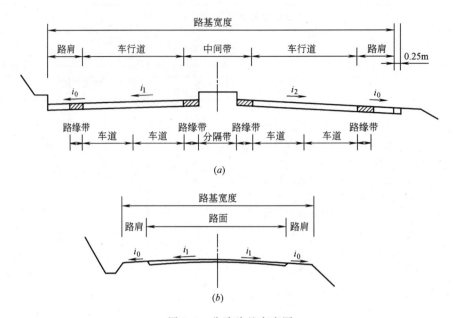

图 2-1 公路路基宽度图
(a) 高速公路和一级公路；(b) 二、三、四级公路

行车道宽度 表 2-3

公路等级	汽车专用公路							
	高速公路				一		二	
地 形	平原微丘	重丘	山岭		平原微丘	山岭重丘	平原微丘	山岭重丘
行车道宽度(m)	2×7.5	2×7.5	2×7.5	2×7.0	2×7.5	2×7.0	8.0	7.5

公路等级	一 般 公 路					
	二		三		四	
地 形	平原微丘	山岭重丘	平原微丘	山岭重丘	平原微丘	山岭重丘
行车道宽度(m)	9.0	7.0	7.0	6.0	3.5	3.5

车辆组成中大型车辆比重较大的平原、微丘区的汽车专用二级公路，其行车道宽度可采用 9.0m。平原、微丘区的四级公路，当交通量较大时，行车道宽度可采用 6.0m。

(2) 中间带

高速公路和一级公路应设置中间带。中间带由两条左侧路缘带及中央分隔带组成。路缘带一般与行车道处于同一平面，并有相同的路面强度。其构造应起到诱导视线的作用。高速公路的中央分隔带应设置必要的安全、防眩和导向等设施。中间带的宽度，《标准》中的规定见表 2-4。

(3) 路肩

路肩是指行车道外缘到路基边缘的带状部分。设中间带的高速公路和一级公路，行车道左侧不设路肩。若采用分离式断面的路基时，行车道左侧应设硬路肩，其宽度一般为：高速公路平原、微丘区≥1.25m，重丘区≥1.00m，山岭区≥0.75m。

高速公路和一级公路，应在路肩宽度内设右侧路缘带，其宽度一般为 0.5m。四级公

中间带宽度表 表 2-4

公路等级	高速公路				一般公路	
项目　　　地形	平原微丘	重丘	山岭		平原微丘	山岭重丘
中央分隔带宽度(m)	3.00(2.00)	2.00(1.50)	1.50	1.50	2.00	1.50
左侧路缘带宽度(m)	0.75(0.5)	0.50(0.25)	0.50(0.25)	0.50(0.25)	0.50(0.25)	0.50(0.25)
中间带宽度(m)	4.50(3.00)	3.00(2.00)	2.50(2.00)	2.50(2.00)	3.00(2.00)	2.50(2.00)

路路肩宽度,当采用单车道路面时,一般为 1.5m,其余为 0.5m。二、三、四级公路,在村镇附近及混合交通量大的路段,路肩应予加固,以充分利用。

各级公路的路肩宽度,《标准》中的规定见表 2-5。

公路路肩宽度表 表 2-5

公路等级	汽　车　专　用　公　路					
	高速公路				一	
地形	平原微丘	重丘	山岭		平原微丘	山岭重丘
硬路肩宽度(m)	≥2.50	≥2.50 (2.25)	≥2.25 (1.75)	≥2.00 (1.50)	≥2.50 (2.25)	≥2.00 (1.50)
土路肩宽度(m)	≥0.75	≥0.75	≥0.50	≥0.50	≥0.75	≥0.50

公路等级	汽车专用公路		一般公路			
	二		二		三	
地形	平原微丘	山岭重丘	平原微丘	山岭重丘	平原微丘	山岭重丘	平原微丘
土路肩宽度(m)	1.50	0.75	1.50	0.75	0.75	0.75	0.5 或 1.5

综上所述,路基宽度随公路等级、路段及地形而变化,《标准》中的规定见表 2-6。

公路路基宽度表 表 2-6

公路等级		汽　车　专　用　公　路						
		高速公路				一		二
地形		平原微丘	重丘	山岭		平原微丘	山岭重丘	平原微丘	山岭重丘
路基宽度(m)	一般值	26.0	24.5	23.0	21.5	24.5	21.5	11.0	9.0
	变化值	24.5	23.0	21.5	20.0	23.0	20.0	12.0	

公路等级		一　般　公　路					
		二		三		四	
地形		平原微丘	山岭重丘	平原微丘	山岭重丘	平原微丘	山岭重丘
路基宽度(m)	一般值	12.0	8.5	8.5	7.5	6.5	
	变化值					7.0	4.5

四级公路一般采用 3.5m 的行车道和 6.5m 的路基。当交通量较大或有特殊需要时,可采用 6.0m 的行车道和 7.0m 的路基。在工程特别艰巨的路段以及交通量很小的公路,可采用 4.5m 的路基,但应按规定设置错车道。

1.2.2 路基高度

路基设计标高与路中线原地面标高之差,称为路基填挖高度或施工高度。

路基高度是影响路基稳定性的重要因素。它也直接影响到路面的强度和稳定性、路面厚度和结构、工程造价。为此,在路线纵坡设计时,应尽量满足最小填土高度要求,使路基处于干燥或中湿状态,尤其是路线穿越农田、冻害严重而又缺乏砂石的地区。在取土困难或用地受到限制,不能满足要求时,则应采取相应的处治措施,如路基两侧加深加宽边沟、换土或填石、设置隔离层等,以减少或防止地面积水和地下水危害路基。

1.2.3 路基边坡

为保证路基稳定,路基两侧需做成具有一定坡度的坡面。路基边坡坡度是以边坡的高度 H 与宽度 b 之比来表示,如图 2-2 所示。为方便起见,习惯将高度定为 1,相应的宽度是 b/H,一般写成 $1:m$。

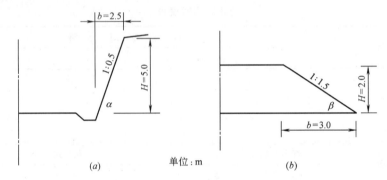

图 2-2 路基边坡坡度示意图
(a) 路堑;(b) 路堤

$m=b/H$ 称为坡率,如 $1:0.5$,$1:1.5$。m 值愈大,边坡愈缓,稳定性愈好,但工程数量增大,且边坡过缓而暴露面积过大,易受雨、雪侵蚀,反而不利。可见,路基边坡坡度对路基稳定起着重要的作用。如何恰当地设计边坡坡度,既使路基稳定,又节省造价,这在路基横断面设计中是极为重要的,尤其在深路堑及工程地质复杂的地区。

(1) 路堤边坡

路堤的边坡坡度,应根据填料的物理力学性质、气候条件、边坡高度以及基底的工程地质和水文地质条件等进行合理的选定。根据多年工程实践和大量试验研究总结,一般路堤边坡坡度列入表 2-7 中。

一般路堤边坡坡度   表 2-7

填料种类	边坡最大高度(m)			边坡坡度		
	全部高度	上部高度	下部高度	全部坡度	上部坡度	下部坡度
黏质土、粉质土、砂类土	20	8	12		1:1.5	1:1.75
砂、砾	12			1:1.5		
碎(块)石土、卵石土	20	12	8		1:1.5	1:1.75
不易风化的石块	20	8	12		1:1.3	1:1.5

注:采用台阶式边坡时,下部边坡可采用与上部边坡一致的坡度。

沿河路堤边坡坡度，要求在设计水位以下部分视填料情况，可采用1∶1.75～1∶2.0；常水位以下部分可采用1∶2.0～1∶3.0。如若选用渗水性较强的土填筑，其值可采用较陡的边坡。

（2）路堑边坡

挖方路基边坡，主要与当地的工程地质、水文地质、地面排水条件及边坡高度、施工方法等因素有关，应综合分析论证确定。土质路堑边坡形状可分为直线形、上陡下缓折线形、上缓下陡折线形和台阶形等四种形式，如图2-3所示。

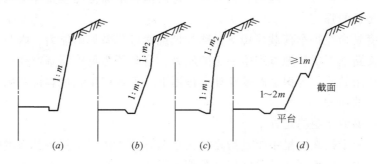

图 2-3 路堑边坡形式
(a) 直线型；(b) 上陡下缓折线型；(c) 上缓下陡折线型；(d) 台阶型

确定边坡形状，应根据土的组织结构、均匀、密实程度和可塑状态及边坡高度，合理地选择。一般地区，当边坡土质均匀或为薄土层，水文地质较好时，宜选用直线形边坡。若边坡高度较大、且土质不均匀，可考虑折线形边坡。上部土层较下部土层密实程度大时，采用上陡下缓形；反之，则采用上缓下陡形。折线形边坡易在变坡拐点处出现冲刷而使边坡遭受破坏，因此，降雨量大、土质软弱地区的边坡，不宜采用这种形式，或需经防护后才采用。若工程地质和水文地质较差，或下层是风化岩，上层是密实程度高的土质，或边坡高超过15～20m，则宜采用阶梯形边坡。阶梯平台一般设在边坡中间适当位置，若边坡过高，可设多级台阶。台阶最小宽度不宜小于1.0m，对多雨地区，尚应在平台上修筑截水设施。实践表明，此类边坡对路基边坡稳定性具有很好的保护作用。

凡具有一定黏性的土质，其挖方边坡坡度可参照表2-8所列数值范围，结合已成公路的实践经验采用。

挖方边坡坡度　　　　　　　　表 2-8

		边 坡 高 度(m)	
		<20	20～30
一般土	较松	1∶1.0～1∶1.5	1∶1.5～1∶1.75
	中密、密实	1∶0.5～1∶1.25	1∶0.75～1∶1.5
	胶结	1∶0.3～1∶0.5	1∶0.5～1∶0.75
黄土		1∶0.1～1∶1.25	1∶0.4～1∶1.25

课题2　道路路基的一般要求和基本知识

2.1　对路基的基本要求

道路路基位于路面结构的最下部，路基应满足下列基本要求：

（1）路基横断面形式及尺寸应符合交通部部标准（JTG B01—2003）《公路工程技术标准》有关的规定要求。

（2）具有足够的整体稳定性

路基是直接在地面上填筑或挖去一部分地面建成的。路基修建后，改变了原地面的天然平衡状态。在工程地质不良的地区，修建路基可能加剧原地面的不平衡状态，从而导致路基发生各种破坏现象。因此，为防止路基结构在行车荷载及自然因素作用下，不致发生不允许的变形或破坏，必须因地制宜地采取一定的措施来保证路基整体结构的稳定性。

（3）具有足够的强度

路基的强度是指在行车荷载作用下，路基抵抗变形与破坏的能力。因为行车荷载及路基路面的自重使路基下层和地基产生一定的压力，这些压力可使路基产生一定的变形，直接损坏路面的使用品质。为保证路基在外力作用下，不致产生超过容许范围的变形，要求路基应具有足够的强度。

（4）具有足够的水温稳定性

路基的水温稳定性在这里主要是指路基在水和温度的作用下保持其强度的能力。路基在地面水和地下水的作用下，其强度将会显著地降低。特别是季节性冰冻地区，由于水温状况的变化，路基将发生周期性冻融作用，形成冻胀和翻浆，使路基强度急剧下降。因此，对于路基，不仅要求有足够的强度，而且还应保证在最不利的水温状况下，强度不致显著降低，这就要求路基应具有足够的水温稳定性。

2.2 路基的基本知识

2.2.1 路基基本知识

路基形式有路堤、路堑和半路堤半路堑三种形式。

在公路建设中，路基工程的主要特点是：工艺较简单，工程数量大，耗费劳力多，涉及面较广，耗资亦很多。根据部分资料分析表明，一般公路的路基修建投资约占公路总投资的25%～45%，个别山区公路可达65%。路基施工改变了沿线原有的自然状态，挖填及借弃土石方涉及当地生态平衡、水土保持和农田水利。路基稳定与否，对路面工程质量影响甚大，关系到公路的正常投入使用。实践证明，没有坚固稳定的路基，就没有稳固的路面，因此，做好路基工程设计、施工与养护，不容忽视。

2.2.2 路基施工方法

路基施工的基本方法，按其技术特点大致可分为如下几种：

（1）人工施工

人工施工是传统方法，使用手工工具，劳动强度大，工效低，进度慢，工程质量难以保证，但短期内还必然存在并适用某些辅助性工作。

（2）简易机械化施工

这是以人力为主，配以机械或简易机械的一种施工方法，可减轻劳动强度，加快施工进度，提高劳动生产率，在我国目前条件下，仍不失为值得提倡的一种施工方法。

（3）机械化施工和综合机械化施工

使用配套机械，对主机配以辅机，相互协调，共同形成主要工序的综合机械化作业。综合机械化施工极大地减轻劳动强度和提高劳动生产率，显著地加快施工进度，提高工程质量,降低工程造价,保证施工安全。是加快公路建设,实现公路施工现代化的根本途径。

(4) 爆破法施工

是石质路基和冻土路基开挖的基本方法。如果采用钻岩机钻孔与机械清理,亦是岩石路基机械化施工的必要条件。

(5) 水力机械化施工

它是使用水泵、水枪等水力机械,喷射强力水流,冲散土层并流运至指定地点沉积,例如采集砂料或地基加固等。水力机械化施工适用于电源和水源充足,挖掘比较松散的土质及地下钻孔等。对于砂砾填筑路堤或基坑回填,还可以用来起密实作用(称为水夯法)。

施工方法的选择,应根据工程性质,工程数量,施工期限及可能获得的人力和机械设备等条件来考虑。

城市道路路基施工的特点:

1) 土石方工作量较少。
2) 取土弃土较困难,运输费用增加。
3) 地下管网等公用设施多,有雨水管网、供水、供电、供热、供气、通讯线。
4) 测设工作复杂。
5) 施工中排水不易。
6) 动拆迁范围大。

课题3 路基施工准备工作

3.1 组织准备

为了使工程全面开展后能顺利地按计划进行。主要是建立和健全施工组织管理机构,制定施工管理制度,明确施工任务,确立施工应达到的目标等。还要与有关单位及个人签定协议,在动工前将各种拆迁及征用土地等处理完毕。

3.2 物质准备

包括各种材料与机具设备购置、采集、调配、运输和储存,临时道路及工程房屋的修建,供水、供电、通讯及必须的生活福利设施等的安装及建设等。

3.3 技术准备

划定施工范围,必要的动拆迁,进行设计技术交底和交桩,定额交底,任务交底。包括施工现场勘察,核对与必要时修改设计文件,编制施工组织设计(由施工进度计划、动力安排计划、材料机具供应计划、施工场地平面布置图等内容组成),施工测量,施工放样和清理施工现场等。

3.4 外部协作准备

签订工程合同,填报开工报告,施工许可证,申请接电接水,召开水、电、煤交通等管线配合协调会议。

课题4 路基施工程序

4.1 测量放样

4.1.1 路线施工测量

一般情况下,从道路路线勘察到正式动工要隔一段时期,标桩难以保存完整,所以在开工前要进行施工测量。施工测量内容:路基开工前,应在现场恢复和固定路线,导线、中线及其高程复测,水准点复查与增设,横断面检查与补测,把设计路线上的主要特征点从设计文件上移到地面上,并将其位置固定,并提出改进设计的具体意见。

(1) 中线的复测和固定

恢复路线中线的依据是"直线、曲线及转角一览表"、"护桩记录"及"路线平面图"等设计资料。高速公路、一级公路主要以"主桩坐标表"、"导线成果表(或叫五秒点成果表)"为依据。当路线的主要控制桩(如交点、转点、圆曲线和缓和曲线的起讫点等)在施工中有被挖掉、损坏或遗失的可能时,应视当地的地形条件和地物情况,采用有效的固定桩方法,予以保护或移桩。

开工前根据设计图纸将道路边线、转点、曲线和缓和曲线的起终点、中间点、直线上的整桩和分桩、水准点等在地面上用桩定下来。

在长直线上,每0.5~1.0km设一大木桩,其余小木桩对转角桩或重要方向桩应设护桩。

路线交点(JD)桩的固定方法有延长切线法和交点法(交汇法),如图2-4所示。交点法适用于所需固定的一切桩点。施工中应尽量保护所有标志,当无法保留时,应另用桩志移钉于路基范围之外。当地形许可时,移钉各点的方向,直线上为垂直于路中线,曲线中为垂直于该点的切线方向。当地形条件受限制时,也可用其他方法将主要控制点移钉于路基范围以外,但在移钉的桩上和记录簿中,均应注明桩号及移钉距离。

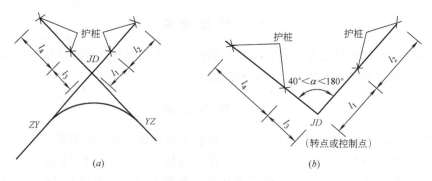

图2-4 桩点固定法

1) 延长切线法设置保护桩

护桩一般为带钉木桩,l_1、l_2、l_3、l_4不一定等长,但以15~20m为宜。

2) 交点法设置保护桩

护桩为带钉木桩或牢固岩石上的点,l_1、l_2、l_3、l_4可不受长度限制,一般不宜小于 10m。

（2）路线高程复测与水准点的增设

中线复测后，应进行标平（基平）和中平测量，以复核原水准点标高和中桩地面标高，并测定增设的临时水准基点标高和加桩的地面标高。为便于施工期间引用，在下列情况应增设临时水准基点：

1）桥位附近及填土高度超过 5m 地段；

2）隧道进出口、山岭垭口及其他较大的人工构造物附近（如涵洞、挡土墙等）；

3）重丘、山岭地区工程集中、地形复杂地段。

临时水准基点的标高应符合精度要求方准使用。如发现个别水准基点有受施工影响（如爆破、行车等）可能时，应将其移出影响范围之外，其标高应与原水准基点相闭合。

（3）横断面的检查与补测

路基施工前，应详细检查、核对横断面，发现错误或有怀疑时，应进行复测。加桩处应补测横断面。横断面检查与补测时，应正确掌握其方向，否则将会产生较大误差。

（4）竣工测量

路基土石方基本完成后，应进行全线的竣工测量，包括中线测量、横断面测量及中平测量。以便整修路基，并作为竣工验收的依据。当竣工测量误差符合规定时，应对曲线的交点桩、长直线的转点桩等路线主控制桩，埋设永久基桩。否则，应采取相应可靠的技术措施和工程措施，例如局部调整路基中线等。

4.1.2　路基放样

路基开工前，应根据路线中桩、路基横断面图或路基设计表进行放样工作。路基放样的目的就是在原地面上标定出路基边缘、路堤坡脚及路堑堑顶、边沟、取土坑、护坡道、弃土堆等的具体位置，根据横断面设计的具体尺寸，标定中线桩的填挖高度，并将横断面上的各主要特征点的位置在实地上定出来，以构成路基轮廓作为填挖的依据，方便于施工。本节仅介绍路基边桩和边坡的放样方法。

（1）路基边桩的放样

1）图解法

路基横断面图为供路基施工的主要图纸，可根据已戴好"帽子"的横断面图放样路基边桩。如图 2-5 所示，坡脚点 A（或坡顶点 B）与中桩的水平距离可以从横断面图上按比例量出，然后在地面上用皮尺沿横断方向量出 A 点（或 B 点）距中桩的水平距离即可定出边桩。

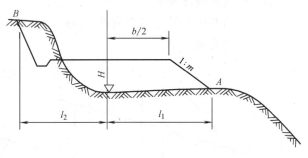

图 2-5　图解法放边坡

在量距离时尺子一定要拉平，如横坡较大时，须分段丈量，在量得的点处钉上坡脚桩（或坡顶桩）。每个横断面都放出边桩后，再分别将中线两侧的路基坡脚或路堑的坡顶用灰线连接起来，即为路基填挖边界。

此法一般用于较低等级的公路路基边桩放样。

2) 计算法

现场没有横断面设计图，只有施工填挖高度时，可用计算法放样路基边桩。计算法放样路基边桩的精度比图解法高，主要用于一般公路平坦地形或地面横坡均匀一致地段的路基边桩放样。

A. 路堤放样

确定横断面方向：直线段与路中心线垂直，曲线段则与该点切线垂直。

(A) 平坦地面上边桩放样

路堤坡脚至中桩的距离：

$$l = \frac{b}{2} + mH \tag{2-1}$$

(B) 倾斜地面上边桩放样

当地势坡度为 1：s，中线桩至坡脚桩的距离为：

$$l_1 = \left(\frac{b}{2} + mH\right)\frac{s}{s+m} \tag{2-2}$$

$$l_2 = \left(\frac{b}{2} + mH\right)\frac{s}{s+m} \tag{2-3}$$

同理路堑坡顶至中桩的距离为：

(A) 平坦地面上边桩放样

$$l = \frac{b_1}{2} + mH \tag{2-4}$$

(B) 倾斜地面上边桩放样

$$l_1 = \left(\frac{b_1}{2} + mH\right)\frac{s}{s-m} \tag{2-5}$$

$$l_2 = \left(\frac{b_1}{2} + mH\right)\frac{s}{s+m} \tag{2-6}$$

式中　b——路基设计宽度，m；
　　　b_1——路基与两侧边沟宽度之和，m；
　　　m——边坡设计坡率；
　　　H——路基中心设计填挖高度，m；
　　　s——地面横坡率。

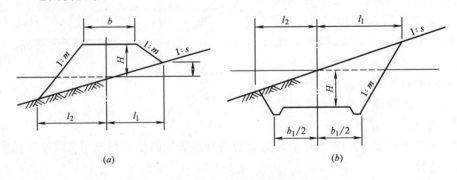

图 2-6　计算法放样边坡

3）渐近法

渐近法的原理是，在分段丈量水平距离的同时，用水准仪、全站仪（高等级公路使用）、经纬仪、手水准或其他方法（如抬杆法、钓鱼法）测出该段地面两点的高程差，最后累计得出边桩点与中桩点的高程差，然后用相关公式验证其水平距离是否正确，如有不符，就逐渐移动边桩，直到正确位置为止。该法精度高，既可用于高等级公路，又适用于中、低等级公路。

（2）路基边坡的放样

有了边桩还不足以指导施工，为了使填、挖的边坡达到设计的坡率，还应把边坡坡度在实地定出来，以便比照施工。路基放样时，按计算所得边桩与中心的距离，用十字架或圆盘，先定出路中心线的垂直方向，再用皮尺量出水平距离 L，钉出坡脚桩和坡顶桩即可。

1）挂线法：利用麻线和木桩拉出路基轮廓。

当路堤高度较高时，可分层挂线。在每层挂线前，应当标定中线并用水准仪、手水准抄平，如图2-7所示。

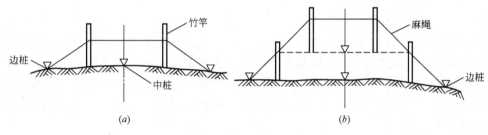

图 2-7

2）样板法：事先用薄板材做出路基样板。

首先按照边坡坡度做好边坡样板，施工时可比照样板进行放样。样板的式样有活动边坡样板（坡度尺），如图2-8（a）所示；固定边坡样板，如图2-8（b）所示。开挖路堑时，在坡顶外侧立固定样板，施工时可瞄准样板进行开挖。

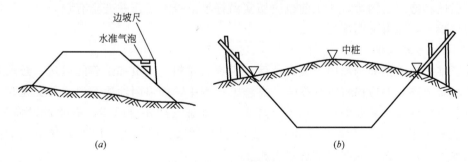

图 2-8　坡度样板法放边坡
（a）活动样板；（b）固定样板

4.1.3　准备

包括：①房屋，构筑物的拆迁。②树木的清除或移植。③场地临时排水。

（1）用地划界及拆迁建筑物

新建公路路堤两侧排水沟外边缘（无排水沟时为路堤或护坡道坡脚）以外，路堑坡顶截水沟外边缘（无截水沟为坡顶）以外不少于1m的土地为公路用地范围；在有条件的地段，高速公路、一级公路不少于3m，二级公路不少于2m的土地为公路用地范围。高填深挖路段，为保证路基的稳定，应根据计算确定用地范围。种植多行林带的路段，应根据实际情况确定用地范围。

施工前，应进行公路用地测量，并绘制用地平面图及用地划界表，送交有关单位办理拆迁及占用土地手续。

施工前对路基范围内的既有垃圾堆、有机杂质、淤泥、泥炭、软土、盐渍土、草丛、各类溶穴、水井、池塘均应妥善处理。路基施工范围内的既有房屋、道路、河沟、通讯电力设施、上下水道、坟墓及其他建筑物，均应会同有关部门事先拆迁或改造。因路基施工影响沿线附近建筑物的定时，应予适当加固。

在路界范围内，妨碍施工的房屋，各种给排水管道，电缆及架空电力、电信线杆，应予及时处置及拆迁。

拆迁工作需办好审批手续，妥善安排动迁户后进行。

（2）树木的移植与砍伐

原则上予以移植保护。

在路基施工范围内，对妨碍视线、影响行车的树木、灌木丛，均应在施工前进行砍伐或移植清理。砍伐后的树木，应堆放在不妨碍施工和不影响农业生产的地方。

高速公路、一级公路及填土高度小于1m的其他公路，应将路基范围内的树根全部挖除；填土高度在1m以上的其他公路，允许保留树根。采用机械施工的路堑及取土坑等，均应将树根全部挖除。

（3）场地排水

场地排水是指疏干、排除场地上所积地面水，保持场地干燥，为施工提供正常条件。通常是根据现场情况，设置纵横排水沟，形成排水系统，将水引入附近河渠、低洼处排除。为节省工程量，避免返工浪费，所开挖的排水沟，应按所设计的路基排水系统布置。

在受地面积水或地下水影响的土质不良的地段施工时，为了保证工程质量，减少土方挖掘、运送和夯实的困难，施工前也应切实做好场地排水工作并齐全有效。

防止积水，注意文明施工。

4.1.4 临时工程

为了维护施工期间的场内外交通，保证机具、材料、人员和给养的运送，必须在开工前修筑临时道路，并应保持行驶安全。在施工过程中，如需阻断原有道路的交通时，应事先设置便道、便桥和必要的行车标志及灯光，以保证交通不受阻碍。需要设置临时道路，要求路宽不小于4.3m，R不小于80m，纵坡小于10%。完工时，应恢复受施工干扰的旧路与其他场地，并做好新旧路的连接工程。

此外，为保证筑路员工的生活、物质器材的存放以及木工、钢筋工在室内作业，要修建临时的房屋和工棚。为了保证工程用水和生活用水的需要，还要修建临时的给水设施。

4.2 修建相关构筑物

小型人工构造物包括小桥、涵洞，挡土墙、盲沟等，这项工程通常与路基施工同时进行，但要求人工构造物先行完工，以利于路基工程不受干扰地全线展开。

4.3 路基建筑施工

该项工程是整个路基工程的主体工程，包括填筑路堤、开挖路堑、路基压实、整平路基表面、整平边坡、修建排水沟渠及防护加固工程等。

4.4 路基工程质量的检查与竣工验收

路基工程竣工检查与验收应按竣工验收规范要求进行，其检查与验收的项目主要包括：路基及有关工程的位置、标高、断面尺寸、压实度或砌筑质量等，要求其应满足容许误差的范围，凡不符合要求的工程应分析原因，接受教训，并采取相应的措施予以纠正，必要时返工重建。

课题 5 路基施工工艺和施工方法

5.1 土质路基施工——填筑路堤

为了保证路堤的强度和稳定性，在填筑路堤时，要处理好基底，保证必须的压实度及正确选择填筑方案。

5.1.1 基本要求

（1）用透水性良好的材料（如碎石、卵石、砾石、粗砂等）填筑路堤时，可不受含水量限制，但分层填筑压实。用透水性不良及不透水的土填筑路堤时，需使其含水量接近最佳含水量时方可进行压实。路基填料最小 CBR 和最大粒径应符合有关规定。

（2）捣碎后的植物土、重黏土、白垩土、硅藻土、腐烂的泥炭类土在一定条件的限制下可以采用。具体的限制条件可参见交通部部标准《公路路基施工技术规范》（TJ 033—95）。

（3）加宽旧路堤时应遵守下列要求：

1）所用土宜与旧路堤相同，否则宜选用透水性较佳的土或选用接近于路堤的土。

2）清除地基上的杂草，并沿旧路边坡挖成向内倾斜的台阶（台阶宽度应不小于1m），砂性土可不挖台阶。

3）分层填筑夯实到要求的密实度。

4）修建山坡路堤前，应对山坡的稳定性进行调查，必要时应采取适当措施，以保证路堤的稳定性。路堤应由最低一层台阶填起，并分层夯实，然后逐台向上填筑分层夯实。所有台阶填完后，即可按照一般填土程序进行。

5.1.2 路堤基底的处理

路堤基底是指土石填料与原地面的接触部分。为使两者结合紧密，防止路堤沿基底发生滑动，或路堤填筑后产生过大的沉陷变形，则可根据基底的土质、水文、坡度和植被情况及填土高度采取相应的处理措施。

（1）密实稳定的土质基底

当地面横坡度不陡于1∶10，且路堤高度超高0.5m时，基底可不作处理；路堤高度

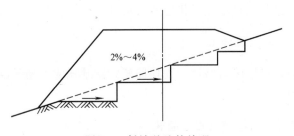

图 2-9 斜坡基地的处理

低于 0.5m 的地段，应将原地面草皮等杂物清除。地面横坡为 1：10～1：5时，需铲除地面草皮、杂物、积水和淤泥。当地面横坡度陡于 1：5 时，在清除草皮杂物后，还应将原地面挖成台阶，台阶宽度不小于 1m，高度为 0.2～0.3m。台阶顶面做成向内倾斜 2%～4% 的斜坡。

(2) 覆盖层不厚的倾斜岩石基底

当地面横坡为 1：5～1：2.5 时，需挖除覆盖层，并将基岩挖成台阶。当地面横坡度陡于 1：2.5 时，应进行个别设计，特殊处理，如设置护脚或护墙。

(3) 耕地或松土基底

路堤基底为耕地或松土时，应先清除有机土、种植土，平整压实后再进行填筑。在深耕地段，必要时应将松土翻挖，土块打碎，然后回填、找平、压实。经过水田、池塘或洼地时，应根据具体情况采取排水疏干、挖除淤泥、打砂桩、抛填片石或砂砾石等处理措施，以保持基底的稳固。

当路基稳定受到地下水影响时，应予拦截或排除，引地下水至路堤基底范围以外。如处理有困难时，则应在路堤底部填以渗水土或不易风化的岩块。

5.1.3 填料压实

填石路基管线及结构物是路基处理的关键部位，路基用地范围的各种管线工程及附属结构物，应按"先地下，后地上"，"先深后浅"的原则，避免路基反复开挖，并重视回填土质量，使其达到与路基相同的设计强度。

填料压实是保证路堤填筑质量的关键，必须充分重视，有关压实的理论与要求，将在以后叙述。

5.1.4 填筑方案

(1) 分层填筑法

路堤填筑必须考虑不同的土质，从原地面逐层填起并分层压实，每层填土的厚度可按压实机具的有效压实深度和压实度确定。分层填筑法又可分为水平分层填筑和纵坡分层填筑两种。

水平分层填筑——填筑时按照横断面全宽分成水平层次，逐层向上填筑。如原地面不平，应由最低处分层填起，每填一层经过压实后再填下一层，如图 2-10 所示。

纵向分层填筑——原地面纵坡大于 12% 的地段，可采用纵向分层法施工，沿纵坡分层，逐层填压密实。

(2) 挖台阶填筑法

地面横坡陡于 1：5 时，原地面应挖成台阶（台阶宽度不小于 1m），并用小型夯实机加以夯实。填筑应由最低一层台阶填起，并分层夯实，然后逐台向上填筑，分层夯

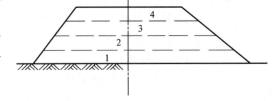

图 2-10 水平分层填筑法

实,所有台阶填完之后,即可按一般填土进行。

5.1.5 不同土质路堤填筑规则

在施工中,沿线的土质经常发生变化,为不致将不同性质的土任意混填,以致造成路基病害,必须在施工前进行现场调查,作出正确的规划,拟定合理的调配方案。

(1) 不同土质混合填筑时,须遵守下列规定:

1) 不同性质的土填筑路堤时,应分层填筑,层数应尽量减少,每层总厚度最好不小于 0.5m。不得混杂乱填,以免形成水囊或滑动面。

2) 透水性较小的土填筑路堤下层时,其顶面应做成 4%的双向横坡,以保证来自上层透水性填土的水分及时排出。

3) 透水性较小的土填筑上层时,不应覆盖在透水性较大的土所填筑的下层边坡上,以保证水分的蒸发和排除。

4) 凡不因潮湿及冻融而变更其体积的优良土应填在上层,强度(形变模量)较小的土应填在下层。

用不同土质填筑路堤的正确与错误方案如图 2-11 所示。

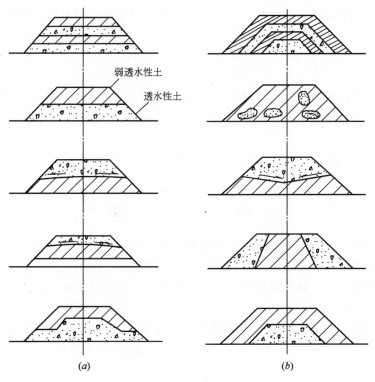

图 2-11 路堤分层填筑法
(a) 正确方案;(b) 错误方案

(2) 填石路堤主要考虑石料性质、石块大小、填筑高度和边坡坡度,应逐层水平填筑,不必夯压。

1) 用风化石填筑路堤时,石块应摆平放稳,空隙用小石块或石屑填满铺平,边坡坡度同土质路堤。

2）用不易风化的 25cm 以下的石块填筑路堤时，应分层铺填。当路堤高度不超过 6m 时，边坡要码砌 1～2m 厚，大面向下，小面向上，摆平靠紧，用小碎石填缝找平。

3）用 25cm 以上的大石块填筑路堤时，可大致分层填铺，不必严格找平，尽量做到靠紧密实，边坡要码砌 1～2m 厚，如边坡码砌成台阶形时，上下层石块应错缝互相压住。

(3) 土石混合填筑路堤时，如土石易于分清时，易分开分段填筑；如不易分清时，应尽量按下述情况施工，不得乱抛乱填：

1）当石块多于 70%时，将石块大面向下，小面向上分开摆平放稳，缝隙内填以土或石屑，每层厚不超过 40cm，大致整平后仍需夯实。

2）当石块含量在 50%～70%之间时，石块除应按上述办法摆平放稳外，石间空隙应放大致能容纳夯底面积，以便于夯实，每层厚度不得超过 30cm。

3）当石块含量少于 50%时，可在卸土后随摆石块随匀土，平整成厚 30cm，再夯实，如石块过大，可挖一洞穴埋入，以免妨碍夯实。

5.1.6 桥涵填土

为保证桥头路堤稳定，台背填土除设计文件另有规定外，一般应用砂性土或其他渗水性土填筑。

填土长度：一般在上部为距翼墙尾端不小于台高加 2m，下部为距基础内缘不小于 2m。

填土高度：从路堤顶面起向下计算，在冰冻地区一般不小于 2.5m；无冰冻地区到高水位，均应填以渗水性土，其余部分可用与路堤相同的土填筑，并在其上设横向排水盲沟或铺向外倾斜的黏土或胶泥层。

填土应分层夯实到要求的压实度，每层的松铺厚度不得超过 20cm。桥台背后填土应与锥坡填土同时进行。

5.2 土质路基施工——开挖路堑

开挖路堑前应首先处理好排水，并根据断面的土层分布、地形条件、施工方法以及土方的利用和废弃情况综合考虑，力求做到运距短、占地少。

路堑土方开挖方式，根据具体情况可采用横挖法、纵挖法和混合式开挖法三种。

5.2.1 横挖法

横挖法是指按路堑整个横断面从其两端或一端进行挖掘的方法，适用于短而深的路堑，如图 2-12 所示。掘进时逐段成型向前推进，运土由相反方向送出。

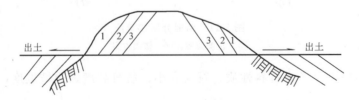

图 2-12 横挖法

为了增加工作面，加台阶高度视工作便利与安全而定，一般为 1.5～2.0m。挖掘时上层在前，下层随后，下层施工面上应留有上层操作的出土和排水通道，如图 2-13 所示。

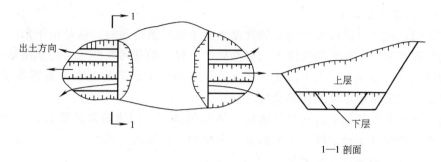

图 2-13 横挖法工作面

5.2.2 纵挖法

纵挖法可分为分层纵挖法和通道纵挖法。

分层纵挖法沿路堑分为宽度及深度都不大的纵向层次挖掘，如图 2-14 所示。挖掘工作可用各式铲运机。在短距离及大坡度时，可用推土机；在较长较宽的路堑，可用铲运机，并配备运土机具进行工作。

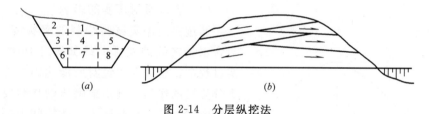

图 2-14 分层纵挖法

通道纵挖法是先沿路堑纵向挖一通道，然后开挖两旁，如路堑较深可分几次进行，用此法挖路堑，可采用人力或机械挖掘，如图 2-15 所示。

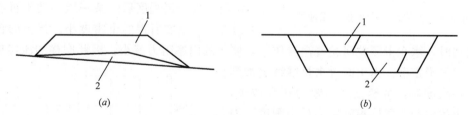

图 2-15 通道纵挖法
（a）第一次通道；（b）第二次通道

5.2.3 混合式开挖法

混合式开挖法系将横挖法、通道纵挖法混合使用，即先顺路堑挖通道，然后沿横向坡面挖掘，以增加开挖坡面。每一开挖坡面应容纳一个施工组或一台机械。在较大的挖土地段，还可沿横向再挖沟，以装置传动设备或布置运土车辆。

挖方地段有含水层时，在挖掘该层土前，应设置好排水系统。若挖方路基位于含水较多以致翻浆的土上时，则应换以透水性良好的土，其厚度应不小于 0.8～1.0m，为换土所挖的凹槽底面应适当整平，并设纵向盲沟以利排水。

5.3 土基压实

5.3.1 土基压实的意义

实践证明，在没有经过人工压实的路基上是不能铺筑路面的，这是由于未经压实的路基，在自然因素和行车荷载的作用下，必然要产生较大的变形或破坏。为使路基具有足够的强度和稳定性，必须予以人工压实，因此，路基的压实是路基施工中极其重要的环节，亦是提高路基强度与稳定性的根本措施之一。

土基压实就是用某种工具或机械增加土体单位体积内固体颗粒的数量，减少孔隙率，从而提高土基的强度和稳定性。大量的室内试验和工程实践表明：

（1）压实使土的强度大大增加；

（2）压实使土基的塑性变形明显减少；

（3）压实使土的透水性降低，毛细上升高度减小。

5.3.2 影响压实的因素

在室内对细粒土进行击实试验时，影响土的密实度的主要因素有含水量、土的颗粒组成以及击实功。在施工现场碾压细粒土路基时，影响路基压实效果的主要因素有土的含水量、碾压层厚度、压实机械的类型和功能、碾压遍数和地基的强度。

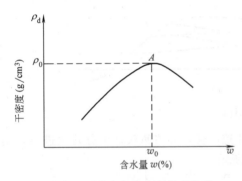

图 2-16 干密度与含水量关系曲线

（1）含水量对压实的影响

通过室内击实试验绘制的密实度（干密度）与含水量之间的关系曲线如图 2-16 所示。在压实过程中，土的含水量对所能达到的密实度起着十分重要的作用。锤击或碾压的功需要克服土颗粒间的内摩阻力和凝聚力，才能使土颗粒产生位移并互相靠近。土的内摩阻力和凝聚力随密实度而增加。土的含水量小时，土颗粒间的内摩阻力大，压实到一定程度后，某一压实功不再能克服土的抗力，压实所得的干密度小。当土的含水量逐渐增加时，水在土颗粒间起着润滑作用，使土的内摩阻力减小，因此同样的压实功可以得到较大的干密度。当土的含水量继续增加到超过某一限度后，虽然土的内阻力还在减少，但单位土体中的空气体积已减到最小限度，而水的体积却在不断增加，由于水是不可压缩的，因此在同样的压实功下，土的干密度反而逐渐减少。在干密度与含水量关系曲线上与最大干密度对应的含水量称为最佳含水量。

某种土在一定的压实功作用下，只有在最佳含水量时，才能压实到最大干密度。

（2）土质对压实的影响

试验表明，各种不同土的最佳含水量和最大干密度是不相同的，如图 2-17 所示。

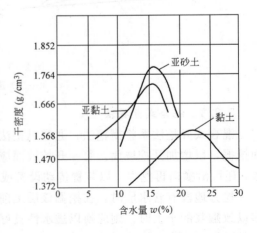

图 2-17 最佳含水量和最大干密度

通常：①土中粉粒和黏粒含量愈多，土的塑性指数愈大，土的最佳含水量就愈大，同时其最大干密度愈小。因此，一般砂性土的最佳含水量小于黏性土的最佳含水量，而最大干密度则大于黏性土的最大干密度。②各种不同土的最佳含水量和最大干密度虽然不同，它们的击实曲线的性质是基本相同的。③亚砂土和亚黏土的压实性能较好，而黏性土的压实性能较差。

（3）压实功对压实的影响

对于同一类土，其最佳含水量和最大干密度随压实功而变化。试验得到的不同压实功能下土的 $\rho_d\text{-}w$ 关系曲线如图 2-18 所示。

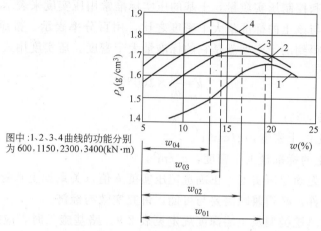

图 2-18 土的 $\rho_d\text{-}w$ 关系曲线

图中曲线表明，同一种土的最佳含水量随压实功的增加而减小；最大干密度则随压实功能的增加而提高。此外，在相同含水量条件下，压实功能愈高，土的干密度愈大。根据这一特性，在施工中如果土的含水量低于最佳含水量，加水又有困难时，可采用增加压实功能的办法来提高其压实度，即采用重碾或增加碾压次数。然而，用增加压实功能的办法来提高土的密实度是有限度的，当压实功能增加到一定程度后，土的密实度增加较缓慢，在经济效益和施工组织上不够合理。相比之下，严格控制最佳含水量，要比增加压实功能收效大得多。

根据压实的原理，正确运用压实的特性，按照不同的要求，选择适应不同土质的压实机具确定最佳压实厚度、碾压遍数和碾压速度，准确地控制最佳含水量，以指导压实的实施工作。

5.3.3 含水量与强度、水稳定性的关系

（1）含水量与强度的关系

试验表明，当土的含水量等于或小于最佳含水量时，土的强度随密实度的增加而增加，但是，当含水量大于最佳含水量时，强度只随密实度增长到一定程度，超过某一限度时，强度反而下降。土中含水量小于最佳含水量时，虽然密实度增加强度也会随着提高，但是这种强度的提高需要增加压实功才能获得，而且在受到水侵入时，强度会大大降低，既不经济又不稳定。

（2）含水量与水稳性的关系

将不同湿度的土样放在湿锯末中吸湿 7 天，使其受水浸湿而达到饱和，通过实验可以发现：①每个土样的密实度都降低了，只有在最佳含水量时压实的土样具有最大的密实度；②每个土样的强度都降低了，含水量小于最佳含水量的试样强度急剧下降，最佳含水量的试样强度下降幅度最小。

根据上面的试验分析可以得出结论：①含水量是影响压实效果的决定性因素；②在最佳含水量时，最容易获得最佳压实效果；③压实到最大密实度的土体水稳性最好。

5.3.4 土基压实施工

（1）土基压实标准

为了便于检查和控制压实质量，土基的压实标准常用压实度来表示。所谓压实度是指土压实后的干密度与该土的标准最大干密度之比，用百分率表示。按照标准击实试验法，土在最佳含水量时得到的干密度就是它的标准最大干密度。压实度用式（2-7）计算：

$$k=\frac{\rho_d}{\rho_0}\times100\% \tag{2-7}$$

式中　k——压实度，%；

　　　ρ_d——压实土的干密度，g/cm³；

　　　ρ_0——压实土的标准最大干密度，g/cm³。

压实施工应首先确定压实度。正确选定压实度 k 值，关系到土基受力状态、路基路面设计要求、施工条件，必须兼顾需要与可能，讲究实效与经济。

路基压实度依填挖类型及土层深度规定见表 2-9。路基施工时，应按此表规定的不同深度取土样试验，并记录其结果作为交工验收文件内容之一。

路基压实度表　　　　表 2-9

填挖类别	路面底面以下深度(cm)	压实度(%)		
		高速公路、一级公路	其他公路	
			二级公路	三、四级公路
零填及挖方	0～30	—	—	94
	0～80	≥96	≥95	—
填方	0～80	≥96	≥95	≥94
	80～150	≥94	≥94	≥93
	>150	≥93	≥92	≥90

注：1. 表列压实度系按交通部现行《公路工程质量检验评定标准》（JTG F80/1—2004）以重型击实试验法为准。
　　2. 特殊干旱或特殊潮湿地区或过湿土路基，可按交通部颁发的路基设计、施工规范所规定的压实度标准进行评定。
　　3. 三、四级公路铺筑沥青混凝土或水泥混凝土路面时，其路基压实度应采用二级公路标准。

（2）压实机具选择

土基压实机具的类型较多，常用的压实机具可分为静力碾压式、夯实式和振动式三大类。静力碾压机械包括光面碾（普通两轮或三轮压路机）、羊足碾和气胎碾等几种。夯击机具中有夯锤、夯板、风动夯及蛙式夯机等。振动机械有振动器、振动压路机等。此外，运土工具中的汽车、拖拉机等亦可用于路基压实。

不同的压实机具，对不同土质的压实效果不同，这是选择压实机具的主要依据，表

2-10 所列是几种常用机具的一般技术特性。各种压实机具，对不同土在不同含水量情况下所需碾压（夯击）次数可参考此表，但确切的碾压次数，应按要求的压实度根据试压结果确定。

几种常用机具的一般技术特性　　　　　　　表 2-10

机具名称	最大有效压实厚度（实厚）	碾压行程次数				适宜的土类
		黏性土	亚黏土	粉黏土	砂性土	
人工夯石	0.10	3～4	3～4	2～3	2～3	黏性土与砂性土
牵引式光面碾	0.15	—	—	7	5	黏性土与砂性土
养足碾(2个)	0.20	10	8	6	—	黏性土
自动式光面碾 5t	0.15	12	10	7	—	黏性土与砂性土
自动式光面碾 10t	0.25	10	8	6	—	黏性土与砂性土
气胎路碾 25t	0.45	5～6	4～5	3～4	2～3	黏性土与砂性土
气胎路碾 50t	0.70	5～6	4～5	3～4	2～3	黏性土与砂性土
夯击机 0.5t	0.40	4	3	2	1	砂性土
夯击机 1.0t	0.60	5	4	3	2	砂性土
夯板 1.5t 落高 2m	0.65	6	5	2	1	砂性土
履带式	0.25	6～8		6～8		黏性土与砂性土
振动式	0.4			2～3		砂性土

一般情况下，对于砂性土，以振动式机具压实效果最好，夯击式次之，碾压式较差；对于黏性土，则以碾压式和夯击式较好，而振动式较差甚至无效。此外，压实机具的单位压力不应超过土的强度极限，否则会立即引起土基破坏。

（3）压实工作组织

压实工作的组织以压实原理为依据，以尽可能小的压实功能获得良好的压实效果为目的，压实工作必须很好地组织，并注意以下要点。

1）填土层在压实前应先整平，可自路中线向路堤两边作 2%～4% 的横坡。

2）压实机具应先轻后重，以适应逐渐增长的土基强度。

3）碾压速度应先慢后快，以免松土被机械推走。

4）压实机具的工作路线，应先两侧后中间，以便形成路拱，再从中间向两边顺次碾压。在弯道部分设有超高时，由低的一侧边缘向高的一侧边缘碾压，以便形成单向超高横坡。前后两次轮迹（或夯击）须重叠 15～20cm。压实时应特别注意均匀，否则可能引起不均匀沉陷。

5）经常检查土的含水量，并视需要采取相应措施。

5.4 石质路基施工

石质路基是山区公路常见的路基形式，石质路基施工难度要比土质路基大得多。

爆破是石质路基施工最有效的施工方法，亦可用以开采石料等。山区公路路基石方工程量大，而且集中，据统计一般约占土石方总量的 45%～75%，采用爆破法施工，不但大大提高工效、缩短工期、节约劳动力，而且可以改善线形，提高公路使用质量。

5.4.1 爆破作用原理

为了爆破某一岩体，在其中或表面放置一定数量的炸药，称为药包。按药包的形状或集结程度不同，可以分为集中药包、延长药包和分集药包三种。凡药包的形状接近球形或立方体，以及高度不超过直径四倍的圆柱体和最长边不超过最短边四倍的直角六面体，均属于集中药包；相反，药包的长度或高度超过上述情况者，属于延长药包。分集药包是提高炸药有效能量利用率的新型装药方式，它是将一个集中药包分为两个保持一定距离集中的子药包。

药包在无限介质内爆炸时，炸药在瞬间内通过化学反应转化为气体状态的爆炸产物。由于膨胀作用，体积增加百倍乃至数千倍，而产生 15000MPa 的静压力，同时产生温度高达 1500～4500℃、速度高达每秒上千米的冲击波，自药包中心按球面等量向外扩散，传递给周围介质，使介质产生各种不同程度的破坏和振动现象。

药包在有限介质内爆炸时，在具有临空的表面上都会出现一个爆破坑，一部分炸碎的土石被抛至坑外，一部分仍落在坑底。由于爆破坑形状如同漏斗，称为爆破漏斗。

5.4.2 炸药、起爆器材及起爆方法

(1) 炸药的性质

炸药的成分中大都含有碳、氢、氧、氮等四种元素。它是一种化学性质不稳定的物质，在冲击、摩擦等外力作用下，易发生爆炸。

为了更好地掌握爆破技术，对炸药性能的了解，是十分必要的。炸药性能分五个方面：①爆力；②猛度；③感敏度；④湿度；⑤安定性。

(2) 炸药的分类

炸药的种类繁多，爆破工程中一般可分为下列两大类：

1) 起爆炸药

起爆炸药是一种爆炸速度极高的烈性炸药，爆炸速度可达 2000～8000m/s，用以制造雷管。

2) 主要炸药

用于对岩石或其它介质进行爆破的炸药称为主要炸药。主要炸药的敏感性较低，要在起爆炸药强力的冲击下才能爆炸。道路工程中常用的主要炸药的成分和性能如下：

A. 黑色炸药 它是由硝酸钾（或硝酸钠）、硫磺及木炭所组成的混合物，其配合比以 75∶10∶15 为最佳。好的黑色炸药为深灰色均匀的颗粒，不沾污手。对火星和碰击极敏感，易燃烧爆炸，怕潮湿，威力低，适用于开采石料。

B. 黄色炸药（三硝基苯，TNT） 它是淡黄色针状结晶体，熔铸块呈褐色，敏感度低，安定性好，耐水性强，爆炸威力大，适用于爆破坚硬的岩石或水下爆破。但本身含氧不足，爆炸时产生有毒的一氧化碳，不宜用于地下作业。

C. 胶质炸药 它是由硝化甘油和硝酸铵（有时用硝酸钾或硝酸钠）的混合物，另加入一些木屑和稳定剂制成的。呈淡黄色或琥珀色的半透明体。胶质炸药威力大，不吸湿，有较大密度和可塑性，适合于水下和坚石中使用。

D. 硝铵炸药 它是硝酸铵、黄色炸药（TNT）和少量木粉的混合物。道路工程中常用的 2 号岩石硝铵炸药，其配合比例为 85∶11∶4，具有中等威力和一定的敏感性，在 8 号雷管作用下可以充分起爆，是安全的炸药。但它有吸湿性和结块性，受潮后敏感性和威力显著降低，同时产生毒气。

E. 铵油炸药　它是由硝酸铵（NH_4NO_3）和柴油（或再加木粉）的混合物，通常两者的比例为 94.5：5.5，当加木粉时，其比例为 92：4：4。这是一种廉价、安全、制造简单、威力比硝铵炸药略低、敏感性低的炸药。其具有结块性和吸湿性，使用时不能直接以 8 号雷管起爆，须同时用 10% 的硝铵炸药作起爆体，才能充分起爆。目前在爆破中应用较多。

6）浆状炸药　它是经硝酸铵、黄色炸药（TNT）（或铝、镁粉）和水为主混合而成的一种浆糊状炸药，它的威力大，抗水性强，适用于深孔爆破，但需烈性炸药起爆。

(3) 起爆器材与起爆方法

1）雷管

雷管是常用的起爆器材，黄色炸药（TNT）和硝铵炸药一般对直接火花不会引起爆炸，而用雷管来引爆。按照引爆方式可分为火雷管和电雷管两种。

2）起爆方法

A. 导火索及火花起爆法

导火索是点燃火雷管的配置材料，外形为圆形索线，索芯内装有黑火药，中间有纱导线，芯外紧缠着数层纱包线与防潮纸（或防潮剂），以防潮变质。对导火索的要求是燃烧完全，燃速恒定。根据使用要求导火索的正常燃烧速度为 100～120m/s，缓燃导火索的燃速为 180～210m/s。

B. 电力起爆法

电雷管是用点火器，通过电爆导线起爆的。点火器即为产生电流的电源，如干电池组：蓄电池、手摇起爆机（小型发电机）等。

C. 传爆线及传爆线起爆法

传爆线又称导爆线，其索芯用高级烈性炸药制成，内有双层棉织物，一层为防潮层，一层为缠绕着的纱线。为与导火索区别，表面涂成红色或红黄相间等色。我国制造的传爆线是用黑索金或泰安为索芯的，爆速为 6800～7200m/s。传爆线着火较困难，使用时须在药室外的一段传爆线上捆扎一个 8 号雷管来起爆，传爆网路与药包的联接方式有并联、串联、并串联等。

由于传爆线的爆速快，故在大量爆破的药室中，使用传爆线起爆可以提高爆破效果。但必须严格遵守安全规程。

5.4.3　常用的爆破方法

(1) 一般规定

开挖岩石路基所采用的爆破方法，要根据石方的集中程度、地质、地形条件及路基断面形状等具体情况而定，一般可分为中小型爆破和大型爆破两大类。

(2) 中小型爆破

中小型爆破主要包括裸露药包法、炮眼法、药壶法和猫洞炮等。

1）裸露药包法

裸露药包法是将药包置于被炸物体表面，或经清理的岩缝中，药包表面用草皮或稀泥覆盖，然后进行的爆破。

主要用于破碎大孤石或进行大块岩石的二次爆破。

2) 炮眼法（钢钎炮）

在路基工程中，炮眼法（钢钎炮）是指眼炮直径和深度分别小于7cm和5m的爆破方法。一般情况下，单独使用钢钎炮爆破石方是不大经济的，这是因为：

A. 炮眼直径小，炮眼浅，装药量受限制，一般最多装药为眼深的1/3～1/2，每次爆破的石方量不大（通常不超过10m），所以工效低。

B. 不利于爆破能量的利用。由于眼浅，爆破时爆炸气体很容易冲出，变成不作功的声波，以致响声大而炸下的石方不多，个别石块飞得很远。

因此，在路基石方集中时，应尽可能少用这种炮型。但是，由于此法操作简便，对设计边坡的岩体震动损害小，平均耗药量也少，机动灵活，因此它又是一种不可缺少的炮型。常用于土石方量分散而小的工程以及整修边坡、开挖边沟、炸孤石等，也常用此法改造地形，为其他炮型服务。

3) 药壶法（葫芦炮）

药壶法是指在深2.5m以上的炮眼底部用少量炸药经一次或多次烘膛，使炮眼底部扩大成葫芦形集中埋置炸药，以提高爆破效果的一种炮型。它适用于结构均匀致密的硬土、次坚石、坚石。当炮眼深度小于2.5m，或在节理发达的软石、岩层很薄，渗水或雨期施工时，不宜采用。

选择炮位应与阶梯高度相适应，遇高阶梯时，宜用分层分排的群炮。炮眼深度一般以5～7m为宜。为避免超爆，药壶距边坡应预留一定间隙。扩大药壶时应不致将附近岩层震挎。

4) 猫洞炮

猫洞炮是将集中药包直接放入直径为0.2～0.5m，眼深2～6m的水平或略有倾斜的炮洞中的一种炮型。它适用于硬土、胶结良好的古河床、冰渍层、软石和节理比较发育的次坚石，坚石中可利用裂缝整修成洞。这种炮型对独岩包和特大孤石的爆破效果更佳。

(3) 大爆破

大爆破施工，是采用导洞和药室装药，用药量在1000kg以上的爆破，采用大爆破施工要慎重，必须在施工前作好技术设计，爆破后应作出技术总结。

大爆破主要用于石方大量集中，地势险要或工期紧迫的路段。

(4) 爆炸药品的管理

爆破施工中为确保安全，除遵守有关规定外，对于工地的爆炸物品管理要妥善保管，管理要点如下：

1) 所有爆破器材、雷管、炸药要在指定地点分开存放，相距不得小于1km，距施工现场不小于3km，并不得露天存放，绝不允许个人保存。

2) 存放地点应有牢靠的固定仓库，库内通风良好，仓址四角应有正式的避雷设备，库址周围应有围墙和牢靠的门扉，并有排水沟道保证仓库干燥。

3) 仓库需有警卫人员日夜负责看守，并有良好的防火设备。

4) 存放炸药、雷管的仓库四周500m半径内，不得安置有发电机、变压器、高压线和有电焊机、瓦斯机等各类发电、导电、明火操作。

5) 爆破器材应有专人负责入库、发出，炸药、雷管的领用手续要严格、健全，库房内只准使用绝缘手电。

6) 在雷雨、浓雾及黑夜天气不办理爆炸物品的收领工作。

(5) 瞎炮处理及清渣撬石

点火后未爆炸的炮为瞎炮。瞎炮不但浪费炸药和材料，影响施工进度，而且严重地影响安全生产。因此，必须采取一切有效的措施防止产生瞎炮。一旦出现瞎炮，应停止瞎炮附近的所有其他工作，由原施工人员参加处理，采取措施安全排除，其方法为：

对大爆破，应找出线头接上电源重新起爆；或沿导洞小心掏取堵塞物取出起爆体；或用水灌浸药室使炸药失效后清除。

对中小炮，可在距瞎炮的最近距离不小于0.6m处，另行打眼爆破；当炮眼或装药不深时，也可用裸露药包爆破。

清渣撬石工作，应严格按照操作规程进行。首先将松动、碎裂的岩石自上而下地撬落。不准掏"神仙渣"（即在下面往里掏成悬岩状，石渣在自重的作用下坍落），以免坍塌伤人砸物。

清渣工作可用人工或机械进行。若炸落的岩石体积过大，可进行二次爆破改小，二次爆破可用钢钎炮或裸露炮进行。

课题6 施工机械设备

6.1 机械化施工的组织

机械化施工不仅要有足够数量的土方机械，关键还要有先进的组织管理，使各种机械都能得到合理的利用，最大限度地提高生产率。为此，组织机械化施工需要注意以下几点：

(1) 建立健全管理体制和组织机构，对施工和机械实行统一管理、统一计划、统一调度，使各个工序、各个环节联系紧密，保证施工的连续性。

(2) 实行科学管理，制定完善的施工技术与机械技术管理制度。

(3) 深入调查研究正确选择施工机械及其作业方案，认真编制施工组织计划。

(4) 贯彻"抓住重点、兼顾一般"的原则，把主要力量集中在重点工程上，突破一点，推动全局。切勿平均使用力量，延误工期，造成浪费。

(5) 加强技术、经济责任制，严格质量检查，不断提高管理水平与技术水平。

(6) 路堑开挖后还应注意的几个问题：

1) 开挖后应作好排水和防渗措施，使临时排水设施（截水沟、排水沟、渗沟等）与永久性排水设施相结合，并不得引起淤积和冲刷；

2) 弃土应合理，少占或不占农田，保证路基的稳定，不污染环境，不堵塞交通和河流，方便施工，并且经济、安全；

3) 为便于施工机械操作，应根据施工机械，场地现状和土质情况等，留有适当的工作面；

4) 挖方路基施工标高，应考虑因压实而产生的下沉量，其值由现场试验确定，过大，使路基基层加厚，易造成浪费，挖深不够，则需要返工重挖。

6.2 常用的土方机械

6.2.1 常用的土方机械及作业程序

常用的路基土方工程机械有：推土机、挖掘机、铲运机、平地机、松土机及各种压实机械和水力机械。

（1）推土机

推土机的用途

推土机是包括修筑道路在内的土石方施工中的主要机械之一。其机动性能大，动作灵活，生产效率高，能在较小的作业面上独立工作，接地比压较低，适用于各类土质及松软场地作业，不易陷机，因此，在工程中得到广泛应用。

推土机可以纵向运土或横向推土，对半填半挖路段施工尤为合适，主要用于开挖路堑、填筑路堤、平整场地、填埋沟槽以及其他辅助作业。

（2）挖掘机

挖掘机属于挖掘装运机的一种类型，其挖土效率高，产量大，但机动性差。主要适用于路堑的开挖，高填土和大中型桥梁的基础工程，一般要与其他运输工具配合施工，尤其适合于工期较长、工程量比较大的土方集中工程。

（3）装载机

装载机是一种工作效率较高的铲土运输机械，它兼有推土机和挖掘机两者的工作性能，可进行铲掘、装运、整平、装载和牵引等多种作业。其优点是适应性强，作业效率高，操纵简便。装载机与运输车辆配合，可达到比较理想的铲土运输工作效率。

（4）铲运机

铲运机是土方工程使用最广泛的一种机械，有拖式与自动式两种。它可以进行自挖、自装、自运、自卸各个工序，并兼有铺平压实的作用。它在路基施工中，可以填筑路堤，开挖路堑、填挖和整平场地。

铲运机铲土运土操作方法一般有：按薄层切土，梳齿形断面切土与楔形断面切土等。

铲运机的运行路线，根据地形与工作性质的不同，主要有直线回转运行环，螺旋运行路线，之字形运行路线和连环"8"字形运行路线等。

6.2.2 土方机械的选择

选择土石方机械时应考虑工程性质（工程数量、填挖高度、施工期限、横断面形式、修建意义等），施工条件（土的类别、水文地质、现场道路状况、施工区的水电供应及施工季节等）、机械性能与设备现状等因素对施工机械和操作方案的不同程度的影响，分清主次、综合分析考虑。一方面从具体条件出发，需满足工程的实际要求和现实意义，另一方面必须进行技术经济比较，充分发挥机械效率。

综合机械化施工是机械施工中最有效的形式。在综合机械化施工中，担负主导工序的机械作为主要机械。选择机械时应首先确定主要机械的类型，以主要机械能发挥最高效力为原则。再选配相应的辅助机械，使主辅机械类型组合正确，各种机械配合得当，协同工作，数量适中，以此正确地选择机械，组织机械化程度不同的施工。

根据以往工程实践经验，几种常用的土方机械适用范围，见表2-11所列：

常用土方机械的适用范围表　　　　　　　表 2-11

机械名称	适 用 的 作 业 项 目		
	施工准备工作	基本土方作业	施工辅助作业
推土机	1. 修筑临时道路 2. 推倒树木，拔除树根 3. 铲除草皮 4. 清除积雪 5. 清理建筑碎屑 6. 推缓陡坡地形 7. 翻挖回填井、坟、陷穴	1. 高度 3m 以内的路堤和路堑土方工程 2. 运距 10～80m 以内的土方挖运与铺填及压实 3. 傍山坡的半填半挖路基土方	1. 路基缺口土方的回填 2. 路基面粗平 3. 取土坑及弃土堆平整工作 4. 配合铲运机作助铲顶推动力 5. 斜坡上推挖台阶
拖式铲运机	铲除草皮	运距 60～700m 以内的土方挖运、铺填及碾压作业（填挖高度不限）	1. 路基面及场地粗平 2. 取土坑及弃土堆整理工作
自动平地机	1. 铲除草皮 2. 清理积雪 3. 疏松土壤	1. 修筑 0.75m 以下的路堤及 0.6m 以下的路堑土方 2. 傍山坡半填半挖路基土方	1. 开挖排水沟及山坡截水沟 2. 平整场地及路基 3. 修刮边坡
拖式松土机	1. 翻松旧路的路面 2. 清除树根小树墩及灌木丛		1. 在含有砾石及坚硬的Ⅲ～Ⅳ类土中作疏松工作 2. 破碎及揭开 0.5m 以内的冻土层
正铲拖斗挖土机		1. 半径为 7m 以内的土挖掘及卸弃 2. 用倾卸车配合作 500～1000m 以上的土方远运	1. 开挖沟槽及基坑 2. 水下捞土，（以上用反铲、拉铲或蛤蚌式挖土机）

课题 7　施工质量标准、施工安全要求、施工资料

7.1　压实密度检查方法

压实密度的检测方法有环刀法、灌砂法、灌水法、电动取土器法、蜡封法和核子密度仪法等。本节介绍常用的环刀法和灌砂法。

7.1.1　环刀法

(1) 适用范围

本试验方法适用于现场测定细粒土的密度。由于取样深度较浅，故测得的密实度偏大。

(2) 仪器设备

1) 环刀：内径 6～8cm，高 2～3cm，壁厚 1.5～2mm。

2) 天平：感量 0.1g。

3) 其他：环刀金属盖、铁锤、凿子、铝盒、修土刀、钢丝锯、凡士林等。

(3) 试验步骤

1) 在试验地点，选一块约 10cm×10cm 的平坦表面，并将其清扫干净。

2) 将环刀刀口向下放在此平坦表面上，盖上环刀金属盖，用锤子将环刀垂直打入试

样中,至土样伸出环刀上部为止。

3) 将试样连同环刀一起挖出,注意使土样伸出环刀下部,削去两端余土,使与环刀口面齐平,并将剩余土样适量装入铝盒中,测定其含水量 ω(烘干法或酒精燃烧法)。

4) 擦净环刀外壁,称环刀与土合质量 m_t,准确到 0.1g。

(4) 结果整理

计算湿密度: $$\rho = \frac{m_t - m_g}{V} \tag{2-8}$$

计算干密度: $$\rho_d = \frac{\rho}{1 + 0.01\omega} \tag{2-9}$$

式中 m_t——环刀与土合质量,g;
$\quad\quad m_g$——环刀质量,g;
$\quad\quad V$——环刀体积,cm;
$\quad\quad \omega$——含水量,%。

试验记录格式见表 2-12:

密度试验记录(环刀法)　　　　表 2-12

土样编号			1		2		3	
环刀法			1	2	3	4	5	6
环刀容积	(cm³)	①	100	100	100	100	100	100
环刀质量	(g)	②						
土+环刀质量	(g)	③						
土样质量	(g)	④	③-②	178.6	181.4	193.6	194.8	205.8	207.2
湿密度	(g/cm³)	⑤	④/①	1.79	1.81	1.94	1.95	2.06	2.07
含水量	(%)	⑥		13.5	14.2	18.2	19.4	20.5	21.2
干密度	(g/cm³)	⑦	⑤/1+0.01⑥	1.58	1.58	1.64	1.63	1.71	1.71
平均干密度	(g/cm³)	⑧		1.58		1.64		1.71	

7.1.2 灌砂法

(1) 适用范围

本试验法适用于现场测定细粒土、砂类土和砾类土的密实度。试样的最大粒径不得超过 15mm,测定密度层的厚度为 15~20cm。测定细料土的密度时,可以采用 ϕ100 的小型灌砂筒;如最大粒径超过 15mm,则应选用 ϕ150 的大灌砂筒。

(2) 仪器设备

1) 灌砂筒。

2) 金属标定罐。

3) 基板。

4) 打洞及洞中取料的合适工具,如凿子、铁锤、长把勺、长把小簸箕、毛刷等。

5) 玻璃板。

6) 铝饭盒或金属方盘。

7) 台秤:称量 10~15kg,感量 5g。

8) 其他：铝盒、天平、烘箱等。

(3) 量砂

粒径 0.25～0.5mm，清洁干燥的均匀砂，约 20～40kg。应先烘干，并放置足够时间（通常 7d），使其与空气的湿度达到平衡。

(4) 试验步骤

1) 在试验地点，选一块约 40cm×40cm 的平坦表面，并将其清扫干净，将基板放在此平表面上。如此表面的粗糙度较大，则将盛有量砂 m_5（g）的灌砂筒放在基板中间的圆孔上。打开灌砂筒开关，让砂流入基板的中孔内，直到储砂筒内的砂不再下流时关闭开关。取下灌砂筒，并称筒内砂的质量 m_6，准确至 1g。

2) 取走基板，将流在试验地点的量砂收回，重新将表面清扫干净。将基板放在清扫干净的表面上，沿基板中孔凿洞，洞的直径 100mm（或 150mm）。在凿洞过程中，应注意不使凿出的试样丢失，并随时将凿松的材料取出，放在已知质量的塑料袋内密封。试洞的深度应等于碾压层厚度。凿洞毕，称此塑料袋中全部试样质量，准确至 1g，减去已知塑料袋的质量后，即为试样的总质量 m_t。

3) 从挖出的全部试样中取出有代表性的样品，放入铝盒中，测定其含水量 ω。样品数量：对于细粒土，不少于 100g；对于粗粒土，不少于 500g。

4) 将基板安放在试洞上，将灌砂筒安放在基板中间（储砂筒内放满砂到恒量 m_1），使灌砂筒的下口对准基板的中孔及试洞。打开灌砂筒的开关，让砂流入试洞内。在此期间，应注意勿碰动灌砂筒。直到储砂筒内的砂不再下流时关闭开关。仔细取走灌砂筒，称量筒内剩余砂的质量 m_4，准确到 1g。

5) 如清扫干净的平坦表面上粗糙度不大，则不需要放基板，将灌砂筒直接放在已挖好的试洞上，打开筒的开关，让砂流入试洞内。在此期间，应注意勿碰动灌砂筒。直到储砂筒内的砂不再下流时关闭开关。仔细取走灌砂筒，称量筒内剩余砂的质量 m_4，准确到 1g。

6) 取出试洞内的量砂，以备下次试验时再用。若量砂的湿度已发生变化或量砂中混有杂质，则应重新烘干，过筛，并放置一段时间，使其与空气的湿度达到平衡后再用。

7) 如试洞内有较大的孔隙，量砂可能进入孔隙时，则应按试洞外形，松弛地放入一层柔软的纱布。然后再进行灌砂工作。

(5) 结果整理

填满试洞所需砂的质量 m_b 按下式计算：

灌砂时试洞上放有基板的情况：

$$m_b = m_1 - m_4 - (m_5 - m_6) \tag{2-10}$$

灌砂时试洞上不放基板的情况：

$$m_b = m_1 - m_4 - m_2 \tag{2-11}$$

式中　m_1——灌砂入试洞前筒内砂的质量，g；

　　　m_2——灌砂筒下部圆锥体内砂的平均质量，g；

　　　m_4——灌砂入试洞后，筒内剩余砂的质量，g；

　　$(m_5 - m_6)$——灌砂筒下部圆锥体内及基板和粗糙表面间砂的总质量，g。

试验地点土的湿密度 ρ 可按下式计算：

$$\rho = \frac{m_t}{m_b} \times \rho_s \tag{2-12}$$

式中　m_t——试洞中取出的全部土样的质量，g；
　　　m_b——填满试洞所需砂的质量，g；
　　　ρ_s——量砂的密度，g/cm³。

试样的干密度 ρ_d 的计算公式同环刀法。密度试验记录见表 2-13。

密度试验记录（灌砂法）表　　　表 2-13

工程名称：　　　　　　土样说明砾类土：　　　　　试验日期：
试验者：　　　　　　　计算者：　　　　　　　　校核者：
砂的密度____1.28g/cm³_____

取样桩号	取样位置	试洞中湿土样质量 m_t(g)	灌满试洞后剩余砂质量 m_4(g)	试洞内砂质量 m_b(g)	湿密度 ρ(g/cm³)	含水量测定						干密度 ρ_d(g/cm³)
						盒号	盒+湿土质量(g)	盒+干土质量(g)	盒质量(g)	干土质量(g)	水质量(g)	含水量(%)	
		4031	2233.6		2.31	B5	1211	1108.4	195.4	913	102.6	11.2	2.08
		2900	1613.9		2.30	3#	1125	1040	195.9	844.1	85	10.1	2.09

7.2　质量标准

7.2.1　检验评定方法和等级标准

市政道路工程质量的检验及评定按工序、部位及单位工程三级进行，当该工程不划分部位时，可按工序，单位工程二级进行。其评定标准的主要依据为合格率。

$$合格率 = \frac{同一检查项目中的合格点(组)数}{同一检查项目中的应检点(组)数} \times 100\%$$

市政工程的质量评定，分为"合格"与"优良"两个等级，其判定标准如下：

（1）工序

合格：主要检查项目的合格率应达到 100%；非主要检查项目的合格率均应达到 20%；

优良：符合以上合格标准的条件，全部检查项目合格率的平均值应达到 85%。

（2）部位

合格：所有工序合格，则该部位应评为"合格"。

优良：在评定为合格的基础上，全部工序检查项目合格率的平均值达到 85%，则该部位应评为"优良"（在评定部位时，模板工序不参加评定）。

（3）单位工程

合格：所有部位的工序均为合格，则该单位工程应被评为"合格"。

优良：在评定合格的基础上，全部部位（工序）检验项目合格率的平均值达到 85%，则该单位工程应评为"优良"。

工序的质量如不符合规定的标准，应及时进行返工重做处理，并重新评定其质量等级。

对加固、补强后改变结构外形或造成永久缺陷（但不影响使用效果）的工程，一律不得评为优良。

检验评定必须经外观检查合格后，才能进行允许偏差项目的检验。进行抽样检验的点位，应能反映工程的实际情况。一般地，凡检验范围为长度者，应按规定间距抽样选取较大偏差点；其他则可在规定范围内选取较大偏差点。

7.2.2 路基工程质量验收标准

（1）路床

土、石路床必须用12～15t压路机碾压检验，其轮迹不得大于5mm；石质路床必须嵌缝紧密，不得有坑槽和松石；土质路床不得有翻浆、软弹、起皮、波浪、积水等现象。压实度不得小于表2-14中规定。每1000m^2，至少测3点。

路床允许偏差表 表2-14

序号	项 目	允许偏差		检验频率			检验方法
		石路床(mm)	土路床(mm)	范围(m)	点数		
1	路中线标高	±20	±20	20	1		用水准仪测量
2	平整度	30	20	20	路宽(m)	<9	1	3m 直尺法，量取最大间隙值
						9～15	2	
						>15	3	
3	宽度	+100 0	+200 0	40	1		用尺量
4	横坡	+0.5%	±20且不大于±0.3%	20	路宽(m)	<9	2	用水准仪测量
						9～15	4	

（2）边坡和边沟

土质边坡必须平整、坚实、稳定、严禁贴坡；边沟上口线应整齐直顺，沟底平整，排水畅通。

边沟、边坡允许偏差应符合表2-15的规定。

边沟、边坡允许偏差表 表2-15

序号	项 目	允许偏差(mm)	检验频率		检验方法
			范围(m)	点数	
1	边坡坡度	不陡于设计规定	20	2	用坡度尺量每侧边坡各1点
2	沟底标高	+0 −30	0	2	用水准仪测量每侧边沟各1点
3	沟底宽	±10	20	2	用尺量每侧边沟各1点

为了提高市政工程质量，必须按照质量第一的方针和全面质量管理要求，建立健全"政府监督、施工管理、企业自检"的质量保证体系，对施工全过程进行切实有效的质量控制和管理。从中获得完整、准确、可靠的质量特征数据，起到质量把关、预防和报告的职能。因此，重视质量检验工作，掌握正确的检验方法，是很有必要的，是施工过程中不可缺少的一个重要环节。

7.3 施工安全要求

7.3.1 安全管理的重要性

安全生产是施工项目重要的控制目标之一，也是衡量施工项目管理水平的重要标志，施工项目安全管理，就是在施工过程中，组织安全生产的全部管理活动。通过对生产因素（人和物）具体的状态控制，使施工生产全过程中潜伏的危险处于受控状态，消除事故隐患，不引发人为事故，尤其是不引发为使人受到伤害的事故，确保施工生产安全。

施工项目要实现以经济效益为中心的工期、成本、质量、安全等的综合目标管理，搞好施工的安全管理，保护职工在施工生产中的安全和健康，保护设备、物资不受损坏，不仅是管理的首要职责，也是调动职工积极性的必要条件。没有安全的施工生产条件，也就没有施工生产的高效率和高质量。

安全管理的特点：
(1) 统一性。
(2) 预防性。
(3) 长期性。
(4) "四全"动态管理性。
(5) 科学性。

7.3.2 安全管理的基本原则

(1) 安全与危险并存原则

安全与危险在同一事物的运动中是相互对立的，相互依赖而存在的。因为有危险，才要进行安全管理，以防止危险。安全与危险并非是等量并存、平静相处。随着事物的运动变化，安全与危险每时每刻都在变化着，进行着此消彼长的斗争。事物的状态将向斗争的胜方倾斜。可见，在事物的运动中，都不会存在绝对的安全或危险。

保持生产的安全状态，必须采取多种措施，以预防为主，危险因素是完全可以控制的。

危险因素是客观的存在于事物运动之中的，自然是可知的，也是可控的。

(2) 安全与生产的统一原则

生产是人类社会存在和发展的基础。如果生产中人、物、环境都处于危险状态，则生产无法顺利进行。因此，安全是生产的客观要求，自然，当生产完全停止，安全也就失去意义。就生产的目的性来说，组织好安全生产就是对国家、人民和社会最大的负责。

生产有了安全保障，才能持续、稳定发展。当生产与安全发生矛盾、危及职工生命或国家财产时，在生产活动停下来整治、消除危险因素以后，生产形势会变得更好。"安全第一"的提法，决非把安全摆到生产之上。忽视安全自然是一种错误。

(3) 安全与质量的包涵原则

从广义上看，质量包涵安全工作质量，安全概念也内涵着质量，交互作用，互为因果。安全第一，质量第一，两个第一并不矛盾。安全第一是从保护生产因素的角度提出，而质量第一则是从关心产品成果的角度而强调的。安全为质量服务，质量需要安全保证。生产过程丢掉哪一头，都要陷于失控状态。

(4) 安全与速度互保原则

生产的蛮干、乱干，在侥幸中求得快，缺乏真实与可靠，一旦酿成不幸，非但无速度可言，反而会延误时间。速度应以安全做保障，安全就是速度。我们应追求安全加速度，竭力避免安全减速度。

安全与速度成正比例关系。一味强调速度，置安全于不顾的做法是极其有害的。当速度与安全发生矛盾时，暂时减缓速度，保证安全才是正确的做法。

（5）安全与效益兼顾原则

安全技术措施的实施，定会改善劳动条件，调动职工的积极性，焕发劳动热情，带来经济效益，足以使原来的投入得以补偿。从这个意义上说，安全与效益是一致的，安全促进效益的增长。

在安全管理中，投入要适度、适当，精打细算，统筹安排。既要保证安全生产，又要经济合理，还要考虑力所能及。单纯为了省钱而忽视安全生产，或单纯追求不惜资金的盲目高标准，都不可取。

7.3.3 安全管理的措施

安全管理措施是安全管理的方法与手段，管理的重点是对生产各因素状态的约束与控制，以消除一切事故，避免事故伤害，减少事故损失。

（1）落实安全生产责任制。

（2）加强安全教育和培训，严守安全纪律。

（3）安全检查。

7.3.4 路基土方工程安全技术措施

安全技术是改善生产工艺、改进生产设备、控制生产因素不安全状态，预防与消除危险因素对人产生伤害的技术方法和措施，以及避免损失扩大的技术手段。

预防是消除事故的最佳途径。针对生产过程中预知或已出现的危险因素，采取的一切消除或控制的技术性措施，统称为安全技术措施。安全技术措施重点解决具体的生产活动中的危险因素的控制，预防与消除事故危害。发生事故后，安全技术措施应迅速将重点转移到防止事故扩大，尽量减少事故损失，避免引发其他事故方面。起到预防事故和减少损失两方面的作用。

（1）安全技术措施的优选顺序

在采取安全技术措施时，应遵循预防性措施优先选择，根治性措施优先选择，紧急性措施优先选择的原则，依次排列，以保证采取措施与落实的速度，即要分出轻、重、缓、急。优选顺序如下：

根除危险因素——限制或减少危险因素——隔离、屏蔽——故障——安全设计——减少故障或失误——校正行动。

在采取安全技术措施时，时刻牢记生产技术与安全技术的统一性，体现管生产同时管安全的管理思想。

（2）路基土方工程安全技术要求

1）人工挖土方必须遵守下列规定：

A. 开挖土方的操作人员之间，必须保持足够的安全距离，横向间距不小于2m，纵向间距不小于3m。

B. 土方开挖必须自上而下顺序放坡进行，严禁采用挖空底脚的操作方法。

1) 挖掘机作业：

A. 发动机起动后，铲斗内、壁杆、履带和机棚上严禁站人；

B. 工作位置必须平坦稳固。工作前履带应制动，轮胎式挖掘机应顶好支腿，车身方向应与挖掘工作面延伸方向一致，操作时进铲不应过深，提斗不得过猛；

C. 严禁铲斗从运土车的驾驶室顶上越过。向运土车辆卸土时应降低铲斗高度，防止偏载或砸坏车厢，铲斗运转范围内严禁站人。

7.4 施工资料的管理

施工资料的管理是施工全过程中的一项重要工作，也是项目管理的一项重要工作，施工资料的管理内容有：

(1) 检验并保存施工过程中的自检原始记录。
(2) 检验并保存施工过程的技术档案资料。
(3) 对竣工项目的外观检验资料。
(4) 使用功能的检验资料。

路基土方工程竣工的施工技术资料规定项目如下：

1) 施工组织设计（或施工方案）
2) 图纸会审、技术交底记录
3) 原材料、半成品、成品出厂质量证明和试（检）验报告
4) 施工试验报告
5) 施工记录
6) 测量复核及预检记录
7) 隐蔽工程验收记录
8) 工程质量检验评定资料
9) 使用功能试验记录
10) 设计变更试验记录
11) 设计变更洽商记录
12) 竣工图
13) 竣工验收单
14) 工程竣工质量核验证书

单元 3　沥青混凝土路面施工

课题 1　沥青路面基本结构

1.1　面　　层

沥青混凝土路面属于柔性路面结构，路面刚度小，在荷载作用下产生的弯沉变形大，路面本身抗弯拉强度低。车轮荷载通过各结构层传递到土基，使土基受到较大的单位压力，因而土基的强度和稳定性，对路面结构的整体强度有较大的影响。一般根据使用要求、受力情况和自然因素等作用程度不同，把整个路面结构自上而下分成面层、基层和垫层三个结构层（如图 3-1 所示）。

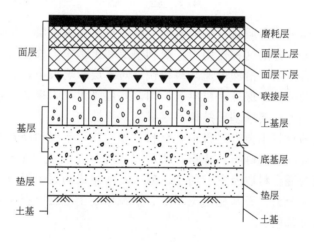

图 3-1　路面基本结构

面层直接同行车和大气相接触，它承受行车荷载的垂直力、水平力和冲击力作用以及雨水和气温变化的不利影响最大。因此同其他结构层相比，面层应具备较高的结构强度、刚度和稳定性，要求耐磨、不透水、无污染，其表面还应有良好的抗滑性和平整度。

有不同粒级的碎石、天然砂或破碎砂、矿粉和沥青按一定比例在拌合机中热拌所得的混合料称沥青混凝土混合料。这种混合料的矿料部分具有严格的级配要求，这种混合料压实后得到的材料具有规定的强度和空隙率时，称作沥青混凝土。

沥青混凝土具有很高的强度和密实度，在常温下并具有一定的塑性。它的强度和密实度是各种沥青矿料混合料中最高的，密实沥青混凝土的透水性很小、水稳性好，有较大的抵抗自然因素和行车作用的能力，因此，它的使用寿命长，耐久性好。沥青混凝土面层是适合现代高速汽车行驶的一种优质高级柔性面层，铺在坚实基层上的优质沥青混凝土面层可以使用20～25年，国内外的重要交通道路和高等级公路，主要采用沥青混凝土做面层。

国际上对道路路面用沥青混凝土有多种分类方法，我国直接用矿料的最大粒径区分沥青混凝土混合料，可分为粗粒式沥青混凝土、中粒式沥青混凝土和细粒式沥青混凝土三种。粗粒式沥青混凝土通常用于铺筑面层的下层，它的粗糙表面使它与上层良好粘结，也可用于铺筑基层，从提高沥青面层的抗弯拉疲劳寿命出发，采用粗粒式沥青混凝土做底面层明显优于采用沥青碎石。中粒式沥青混凝土主要用于铺筑面层的上层，或用于铺筑单层面层。中粒式沥青混凝土面层表面有较大的粗糙度，在环境不良路段可保证汽车轮胎与面层有适当的附着力，或在高速行车时可使面层表面的摩擦系数降低的幅度小，有利于行车安全，但其孔隙率较大和透水性较大，因此耐久性较差。对于面层的上层，在城市道路上使用最广泛的是细粒式沥青混凝土。与中粒式和粗粒式沥青混凝土相比，细粒式沥青混凝土的均匀性较好，并有较高的抗腐蚀稳定性。只要矿料的级配组成合适，并满足其他技术要求，细粒式沥青混凝土具有足够的抗剪切稳定性，可以防止产生推挤、波浪和其他剪切形变。

1.2 基 层

直接位于沥青面层下高质量材料铺筑的主要承重层称做基层。基层主要承受由面层传来的车辆荷载竖向力，并把这种作用力扩散到垫层和土基中，故基层应有足够的强度和刚度。车轮荷载水平力作用，沿深度递减得很快，对基层影响很小，故对基层没有耐磨性要求。基层应有平整的表面，保证面层厚度均匀。基层受大气因素的影响小，但因表面的可能透水及地下水的侵入，要求基层结构有足够的水稳性。

修筑基层所用的材料主要有：各种结合料（如石灰、水泥和沥青等）稳定土或稳定碎石、天然砂砾、各种碎石或砾石、片石、块石；各种工业废渣（如煤渣、粉煤灰、矿渣、石灰渣等）所组成的混合料以及它们与土、砂、石所组成的混合料等。

常用基层形式可分为：石灰稳定土基层、水泥稳定土基层、石灰工业废渣基层、沥青稳定土基层和粒料类基层。

1.3 垫 层

垫层设置在土基与基层之间，其功能是改善土基的湿度和温度状况，以保证面层和基层的强度、刚度的稳定性，并不受冻胀翻浆的作用。垫层通常设置在排水不良和有冻胀翻浆的地段，在地下水位较高地区铺设的能起隔水作用的垫层称隔离层；在冻深较大的地区铺设的能起防冻作用的垫层称防冻层。此外，垫层还能扩散由面层和基层传来的车轮荷载的垂直作用力，以减小土基的应力和变形，而且它还能阻止路基土挤入基层，影响基层的结构性能。

修筑垫层所用材料，强度不一定要高，但水稳性和隔热性要好。常用垫层材料有两类：一类是松散颗粒材料，如砂、砾石、炉渣、片石、圆石等组成的透水性垫层；另一类是整体性材料，如石灰石或炉渣石灰土、水泥稳定土、沥青稳定土等组成的不透水稳定性垫层。

课题 2 沥青路面施工准备工作

2.1 组织准备

2.1.1 组建项目经理部

施工项目经理部是指在施工项目经理领导下的施工项目经营管理层,其职能是对施工项目实行全过程的综合管理。施工项目经理部是施工项目管理的中枢,是施工企业内部相对独立的一个综合性的责任单位。

(1) 项目经理部的设置原则

项目经理部的机构设置要根据项目的任务特点、规模、施工进度、规划等方面条件确定,其中要特别遵循三个原则:

1) 项目经理部功能必须完备。

2) 项目经理部的机构设置必须根据施工项目的需要实行弹性建制,一方面要根据施工任务的特点确定设立什么部门,另一方面要根据施工进度和规划安排调节机构的人数。

3) 项目经理部的机构设置要坚持现代组织设计的原则,首先要反映出施工项目目标的要求,其次要体现精简、效率、统一的原则,分工协作的原则和责权利统一原则。

(2) 项目经理部的机构设置

施工项目经理部的设置和人员配备,要根据项目的具体情况而定,一般应设置以下几个部门(图 3-2):

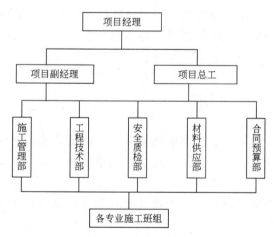

图 3-2 项目经理部的机构设置

各部门职能如下:

1) 施工管理部门:负责施工现场管理、安排施工计划、调度施工机械,协调各部门间以及与外部单位间的关系。

2) 工程技术部门:负责施工组织设计与实施、技术管理、计算统计,并负责解决和处理工程进展中随时出现的技术问题。

3) 安全质检部门:负责施工过程中安全质量的检查、监督和控制工作,以及安全文明施工，消防保卫和环境保护等工作。

4）材料供应部门：要在开工前就提出材料、机具供应计划，包括材料、机具计划量和供应渠道，在施工过程中，要负责施工现场各施工作业层间的材料协调，以保证施工进度。

5）合同预算部：主要负责合同管理、工程结算、索赔、资金收支、成本核算、财务管理和劳动分配等工作。

2.1.2　组建专业施工班组

（1）选择施工班组

路面施工中，面层、基层和垫层除构造有变化外，工程量基本相同。因此，我们便可以根据不同的面层、基层、垫层，不同的工作内容选择不同的施工队伍，按均衡的流水作业施工。

（2）劳动力的调配

劳动力的调配一般应遵循这样的规律：开始时调少量工人进入工地做准备工作，随着工程的开展，陆续增加工作人员；工程全面展开时，可将工人人数增加到计划需要量的最高额，然后尽可能保持人数稳定，直到工程部分完成后，逐步分批减少人员，最后由少量工人完成收尾工作。尽可能避免工人数量骤增、骤减现象的发生。

2.2　技 术 准 备

施工技术准备工作是工程开工前期的一项重要工作，其主要工作内容是：

2.2.1　图纸会审、技术交底

图纸会审、技术交底是基本建设技术管理制度的重要内容。工程开工前，在总工程师的带领下集中有关技术人员仔细审阅图纸，将不清楚或不明白的问题汇总通知业主、监理及设计单位及时解决。对所有控制点、水准点进行复核，与图纸有出入的地方及时与设计人员联系解决。工程开工后，对每一工序由总工程师组织技术人员向施工人员及作业班组交底。

2.2.2　调查研究，收集资料

市政工程涉及面广，工程量大，影响因素多，所以施工前必须对所在地区的特征和技术经济条件，进行调查研究，并向设计单位、勘测单位及当地气象部门收集必要的资料。主要包括：

（1）有关拟建工程的设计资料：技术设计资料和设计意图；测量记录和水准点位置；原有各种地下管线位置等。

（2）各项自然条件的资料：气象资料和水文地质资料等。

（3）当地施工条件资料：当地材料价格及供应情况；当地机具设备的供应情况；当地劳动力的组织形式、技术水平；交通运输情况及能力等资料。

2.2.3　编制施工组织设计

施工组织设计是施工前准备工作的重要组成部分，又是指导现场准备工作，全面部署生产活动，对于能否全面完成施工生产任务，起着决定性作用，因此在施工前必须收集有关资料，编制施工组织设计。

（1）路面施工组织设计的特点

1) 路面工程要用许多材料混合加工,因此路面的施工必须和采掘、加工与储存这些材料的基地工作密切联系。组织路面施工,也应考虑混合料拌合站的情况,包括拌合站的规模、位置等。

2) 在设计路面施工进度时必须考虑路面施工的特殊要求。例如,沥青类路面不宜在气温过低时施工,这就需安排在温度相对适宜的时期内施工。

3) 路面施工的工序较多,合理安排工序间的衔接是关键。垫层、基层、面层以及隔离带、路缘石等工序的安排,在确保养生期要求的条件下,应按照自下而上,先附属后主体的顺序。

(2) 路面施工组织设计的编制程序

1) 根据设计路面的类型,进行现场勘察与选择,确定材料供应范围及加工方法。

2) 选择施工方法和施工工序。

3) 计算工程量。

4) 编制流水作业图,布置任务,组织工作班组。

5) 编制工程进度计划。

6) 编制人、料、机供应计划。

2.2.4 编制施工预算

施工预算是施工单位内部编制的预算,是单位工程在施工时所需人工、材料、施工机械台班消耗数量和直接费的标准,以便有计划、有组织的进行施工,从而达到节约人力、物力和财力的目的。其内容主要包括:

(1) 编制说明书

包括编制的依据,方法,各项经济技术指标分析,对新技术、新工艺在工程中应用等。

(2) 工程预算书

主要包括工程量汇总表、主要材料汇总表、机械台班明细表、费用计算表、工程预算汇总表等。

2.3 现场准备

工程开工前,必须派遣人员提前进入现场,做好以下工作:

(1) 线路复测、查桩、认桩。

(2) 组织施工材料及机具进场。

(3) 做好季节性的施工准备。

路基、路面的施工均为露天作业,受季节变化的影响很大,为使工程施工能保证质量、按期开工,必须做好以下准备工作:

(1) 冬期施工的准备工作。

(2) 雨期施工的准备工作。

(3) 高温季节要做好降温防暑工作。

2.4 物资准备

根据已编制的材料供应计划做好物资准备。

课题3 施工程序、施工工艺和施工方法

3.1 砂砾垫层的施工

3.1.1 准备工作
对路基进行高程、宽度及压实度等相关工作的验收，使其达到表面平整、密实，满足路基的设计和施工规范要求。

3.1.2 备料
按每次计划施工的路段长度计算所需的砂砾石材料进行备料（应按虚方考虑）。

3.1.3 铺料
将天然砂砾石均匀摊铺于预定宽度上，摊铺时要考虑松铺系数。

3.1.4 碾压
先用轻型压路机稳压4～6遍，然后洒水用中型压路机，边压边洒水，反复碾压直到无明显轮迹。

3.2 碎石基层的施工

3.2.1 碎石基层的材料要求
粗、细碎石集料和石屑各占一定比例的混合料，当其颗粒组成符合密实级配要求时，称级配碎石。级配碎石可用未筛分碎石和石屑组成，缺乏石屑时，也可以添加细砂砾或粗砂，但其强度和稳定性不如添加石屑的级配碎石。也可以用颗粒组成合适的含细集料较多的砂砾与未筛分碎石配合成级配碎砾石，但其强度和稳定性不如级配碎石。

级配碎石用作基层时，在高速公路、城市快速路和一级公路上，碎石的最大粒径不应超过30mm（其他公路不应超过40mm）；用作底基层时，碎石的最大粒径不应超过50mm。粒径过大，石料易离析，也不利于机械摊铺、拌合及整平。级配碎石所用石料的集料压碎值应不大于25%～35%，级配碎石基层的颗粒组成和塑性指数应满足表3-1的规定。

级配碎石基层的集料级配范围　　　　表3-1

序号	通过下列筛孔(mm)的质量百分率								液限(%)	塑性指数
	40	30	20	10	5	2.0	0.5	0.075		
1		100	85～100	60～80	30～50	15～30	10～20	2～8	<28	<6或9
2	100	90～100	75～90	50～70	30～55	15～35	10～20	4～10	<28	<6或9

注：1. 潮湿多雨地区的基层塑性指数不大于6，其他地区的基层塑性指数不大于9。
　　2. 对于无塑性的混合料，小于0.075mm的颗粒含量应接近高限，使压实后的基层透水性小。

未筛分碎石指控制最大粒径后，由碎石机轧制的未经筛分的碎石料。它的理论颗粒组成为0～D（D为最大粒径），并具有较好的级配，可直接用作底基层，其轧制碎石的材料可以是各种类型的坚硬岩石、圆石或矿渣，但圆石的粒径应是碎石最大粒径的3倍以上，矿渣应是已崩解稳定的，其干松密度和质量应比较均匀，干松密度不小于960g/m³。碎石

中的扁平、长条颗粒的总量应不超过20%，且碎石中不应有黏土块、植物等有害物质。未筛分碎石用作底基层是，其颗粒组成和塑性指数应符合表3-2的规定。

未筛分碎石底基层级配范围　　　　　表3-2

序号	通过下列筛孔(mm)的质量百分率(%)									液限(%)	塑性指数
	50	40	30	20	10	5	2.0	0.5	0.075		
1	100	85～100	35～65	42～67	20～40	10～27	8～20	5～18	0～15	<28	<6或9
2		100	80～100	56～87	30～60	18～46	10～33	5～18	0～15	<28	<6或9

注：在潮湿多雨地区，塑性指数不大于6，其他地区不大于9。

3.2.2　路拌法施工

(1) 准备工作

1) 准备下承层

A. 基层的下承层是底基层及其以下部分，底基层的下承层可能是土基也可能还包括垫层。下承层表面应平整、坚实、具有规定的路拱，没有任何松散的材料和软弱地点。

B. 下承层的平整度和压实度应符合规范的规定。

C. 土基不论路堤或路堑，必须用12～15t三轮压路机或等效的碾压机械进行碾压（压3～4遍）。在碾压过程中，如发现土过干、表层松散，应适当洒水；如土过湿，发生"弹簧"现象，应采取挖开晾晒、换土、掺石灰或粒料等措施进行处理。

D. 对于底基层，根据压实度检查（或碾压检验）和弯沉测定的结果，凡不符合设计要求的路段，必须根据具体情况，分别采用补充碾压、加厚底基层、换填好的材料、挖开晾晒等措施，使其达到规定标准。

E. 底基层上的低洼和坑洞，应仔细填补及压实。底基层上的搓板和辙槽，应刮除；松散处应耙松、洒水并重新碾压。

F. 逐一断面检查下承层标高是否符合设计要求。下承层标高的误差应符合规范要求。

G. 新完成的底基层或土基，必须按规范规定进行验收。凡验收不合格的路段，必须采取措施，达到标准后，方能在上铺筑基层或底基层。

H. 在槽式断面的路段，两侧路肩上每隔一定距离（如5～10m）应交错开挖泄水沟。

2) 测量

A. 在下承层上恢复中线，直线段每15～20m设一桩，平曲线段每10～15m处设一桩，并在两侧路面边缘外0.3～0.5m设指示桩。

B. 进行水平测量。在两侧指示桩上用红漆标出基层或底基层边缘的设计高。

3) 材料用量

A. 计算材料用量，根据各路段基层或底基层的宽度、厚度及预定的干压实密度，计算各段需要的干集料数量，对于级配碎石，分别计算未筛分碎石和石屑（细砂砾或粗砂）的数量，根据料场未筛分碎石和石屑的含水量以及所用运料车辆的吨位，计算每车料的堆放距离。

B. 在料场洒水，加湿未筛分碎石，使其含水量较最佳含水量大1%左右，以减少运输过程中的集料离析现象（未筛分碎石的最佳含水量约为4%）。

C. 未筛分碎石和石屑可按预定比例在料场混合，同时洒水加湿，使混合料的含水量超过最佳含水量约1%,以减轻施工现场的拌合工作量以及运输过程中的离析现象(级配碎石的最佳含水量约为5%)。

4) 机具

A. 翻斗车、汽车或其他运输车辆及平地机等摊铺、拌合机械。

B. 洒水车洒水或利用就近水源洒水。

C. 压实机械,如轮胎压路机、钢筒轮式压路机、振动压路机等。

D. 其他夯实机具,适宜小范围处理路槽翻浆等。

(2) 运输和摊铺集料

1) 运输

A. 集料装车时,应控制每车料的数量基本相等。

B. 在同一料场供料的路段,由远到近将料按要求的间距卸置于下承层上。卸料间距应严格掌握,避免料不够或过多,并且要求料堆每隔一定距离留一缺口,以便施工。当采用两种集料时,应先将主要集料运到路上,待主要集料摊铺后,再将另一种集料运到路上。如粗、细两种集料的最大粒径相差较多,应在粗集料处于潮湿状态时,再摊铺细集料。

C. 集料在下承层上的堆置时间不宜过长。运送集料较摊铺集料工序只宜提前1~2d。

2) 摊铺

A. 摊铺前要事先通过试验确定集料的松铺系数(或压实系数,它是混合料的干松密度与干压实密度的比值),人工摊铺混合料时,其松铺系数约为1.40~1.50;平地机摊铺混合料时,其松铺系数约为1.25~1.35。

B. 用平地机或其他合适的机具将集料均匀地摊铺在预定的宽度上,过宽的路适合分条进行摊铺,要求表面应平整,并具有规定的路拱,同时摊铺路肩用料。

C. 检验松铺材料的厚度,看其是否符合预定要求。必要时,应进行减料或补料工作。

D. 级配碎石、砾石基层设计厚度一般为8~16cm,当厚度大于16cm时,应分层铺筑,下层厚度为总厚度的0.6倍,上层为总厚度的0.4倍。

(3) 拌合及整形

应采用稳定土拌合机拌合级配碎、砾石。在无稳定土拌合机的情况下,也可采用平地机或多铧犁与圆盘耙相配合进行拌合。

1) 用稳定土拌合机拌合。用稳定土拌合机拌合2遍以上。拌合深度应直到级配碎石层底。在进行最后一遍拌合之前,必要时先用多铧犁紧贴底面翻拌一遍。

2) 用平地机拌合。用平地机将铺好的集料翻拌均匀。平地机的作业长度一般为300~500m,拌合遍数一般为5~6遍。

3) 用缺口圆盘耙与多铧犁配合拌合。用多铧犁在前面翻拌,圆盘耙跟在后面拌合,即采用边翻边耙的方法,共翻耙4~6遍。圆盘耙的速度应尽量快,且应随时检查调整翻耙的深度。用多铧犁翻拌时,第一遍由路中心开始,将碎石或砾石混合料往中间翻,同时机械应慢速前进。第二遍应是相反,从两边开始,将混合料向外翻。翻拌遍数应以双数为宜。

无论采用哪种拌合方法,在拌合的过程中都应用洒水车洒足所需的水分,拌合结束时,混合料的含水量应该均匀,并较最佳含水量大1%左右,应该没有粗细颗粒离析现象。如级配碎石或砾石混合料在料场已经混合，可视摊铺后混合料的具体情况（有无粗细颗粒离析现象），用平地机进行补充拌合。

拌合均匀后的混合料要用平地机按规定的路拱进行整平和整形（要注意离析现象），然后用拖拉机、平地机或轮胎压路机在已初平的路段上快速碾压一遍，以暴露潜在的不平整，再用平地机进行最终的整平和整形。在整形过程中，必须禁止任何车辆通行。

（4）碾压

整形后的基层，当混合料的含水量等于或略大于最佳含水量时，立即用12t以上三轮压路机（每层压实厚度不应超过15～18cm）、振动压路机或重型轮胎压路机（每层压实厚度可达20cm）进行碾压。直线段由两侧路肩开始向路中心碾压；在有超高的路段上，由内侧路肩开始向外侧路肩进行碾压。碾压时，后轮应重叠1/2轮宽；后轮必须超过两段的接缝处。后轮压完路面全宽时，即为一遍。碾压一直进行到要求的密实度为止。一般需碾压6～8遍。压路机的碾压速度，头两遍以采用1.5～1.7km/h为宜，级配碎石基层在碾压中还应注意下列各点：

1) 路面的两侧，应多压2～3遍。

2) 凡含土的级配碎石、砾石基层，都应进行滚浆碾压，直压到碎石、砾石层中无多余细土泛到表面为止。滚到表面的浆（或事后变干的薄层土）应予清除干净。

3) 碾压全过程均应随碾压随洒水，使其保持最佳含水量。

4) 开始时，应用相对较轻的压路机稳压，稳压两遍后，即时检测、找补，同时如发现砂窝或梅花现象应将多余的砂或砾石挖出，分别掺入适量的碎砾石或砂，彻底翻拌均匀，并补充碾压，不能采用粗砂或砾石覆盖处理。

5) 碾压中局部有"软弹"、"翻浆"现象，应立即停止碾压，待翻松晒干，或换含水合适的材料后再进行碾压。

6) 两作业段的衔接处，应搭接拌合，第一段拌合后，留5～8m不进行碾压，第二段施工时，将前段留下未压部分，重新拌合，并与第二段一起碾压。

7) 严禁压路机在已完成的或正在碾压的路段上调头和急刹车。

8) 对于不能中断交通的路段，可采用半幅施工的方法。接缝处应对接，必须保持平整密合。

3.2.3 中心站集中拌合（厂拌）法施工

级配碎石混合料除上面介绍的路拌法外，还可以在中心站用多种机械进行集中拌合，如用强制式拌合机、卧式双转轴浆叶式拌合机、普通水泥混凝土拌合机等。

（1）材料

宜采用不同预先筛分制备的各粒级碎石和石屑，按预定配合比在拌合机内拌制级配碎石混合料。

（2）拌制

在正式拌制级配碎石混合料之前，必须先调试所用的厂拌设备，使混合料的颗粒组成和含水量都达到规定的要求。

在采用未筛分碎石和石屑时，如未筛分碎石或石屑的颗粒组成发生明显变化，应重新调试设备。

（3）摊铺

1) 摊铺机摊铺。可用沥青混凝土摊铺机、水泥混凝土摊铺机或稳定土摊铺机摊铺碎石混合料。摊铺时，在摊铺机后面应设专人消除粗细集料离析现象。

2) 自动平地机摊铺。在没有摊铺机时，可采用自动平地机摊铺碎石混合料。其步骤为：

A. 应根据摊铺层的厚度和要求达到的压实干密度，计算每车碎石混合料的摊铺面积；

B. 将混合料均匀地卸在路幅中央，路幅宽时，也可将混合料卸成两行；

C. 用平地机将混合料按松铺厚度摊铺均匀；

D. 设专人在平地机后面及时消除粗细集料离析现象，对于粗集料窝，应添加细集料，并拌合均匀。对于细集料窝，应添加粗集料，并拌合均匀。

E. 整形，与路拌法相同。

（4）碾压

用振动压路机、三轮压路机进行碾压，碾压方法与要求和路拌法相同。

（5）接缝处理

1) 横向接缝。用摊铺机铺混合料时，靠近摊铺机当天未压实的混合料，可与第二天摊铺的混合料一起碾压，但应注意此部分混合料的含水量。必要时，应人工补洒水，使其含水量达到规定的要求。用平地机摊铺混合料时，每天的工作缝处理与路拌法相同。

2) 纵向接缝。应避免产生纵向接缝。如摊铺机的摊铺宽度不够，必须分两幅摊铺时，宜采用两台摊铺机一前一后相隔约5~8m同步向前摊铺混合料。在仅有一台摊铺机的情况下，可先在一条摊铺带上摊铺一定长度后，再开到另一条摊铺带上摊铺，然后一起进行碾压。在不能避免纵向接缝隙的情况下，纵缝必须垂直相接，不应斜接，并按下述方法处理：

A. 在前一幅摊铺时，在靠后一幅的一侧用方木或钢模板做支撑，方木或钢模板的高度与级配碎石层的压实厚度相同；

B. 在摊铺后一幅之前，将方木或钢模板除去；

C. 如在摊铺前一幅时未用方木或钢模板支撑，靠边缘的30cm难以压实，而且形成一个斜坡。在摊铺后一幅时，应先将未完全压实部分和不符合路拱要求部分挖松并补充洒水，待后一幅混合料摊铺后一起进行整平碾压。

（6）冬期施工

1) 摊铺

冬期进行级配碎、砾石基层施工，在摊铺、碾压等工序上，须注意以下几点：

A. 应严格控制作业面，保证当日摊铺段当日碾压成活；不能当日摊铺次日碾压。

B. 严格控制回填料质量，冰块、冰土不得直接用于填筑路基。

C. 摊铺平整后立即洒盐水，并随洒随压。

2) 碾压成型

A. 冬季碾压必须仔细找平，避免因过多的找补延长作业时间。

B. 碾压时，掌握先轻后重，压路机滚轮宜重轮在前，以避免推移。

C. 碾压成型后，要保持干燥，避免冷冻使表面疏松。

级配碎石、砾石基层施工完成、检测合格后，要连续进行上层施工。如不能连续铺筑上层时，要设专人进行洒水湿润养护。

级配碎石、砾石基层未洒透层沥青或未铺封层时，不应开放交通，特别要禁止履带车辆通行，以保护表层不受损坏。

3.3 石灰工业废渣基层的施工

3.3.1 石灰工业废渣基层材料要求

（1）结合料

工业废渣基层所用的结合料，可以是石灰或石灰下脚料，石灰质量要符合《石灰的技术指标》GB 1594 规定的Ⅲ级消石灰的技术指标。要尽量缩短石灰的存放时间。如存放时间较长，应采取覆盖封存措施，妥善保管。石灰下脚料是指含有氧化钙或氢氧化钙成分的各种工业废渣。常用的有电石渣、贝壳石灰、珊瑚石灰、炼钢厂下脚料、造纸厂下脚料、石灰窑下脚料。大多数石灰下脚料的活性氧化钙含量在 40% 以上，当活性氧化钙含量较低时，应该在采用前做一些试验。对于石灰粉煤灰混合料，其所用石灰下脚料的活性氧化钙含量不应低于 3%~4%。对于石灰水淬渣或石灰煤渣混合料，其所用石灰下脚料中活性氧化钙含量不应低于 20%。

在工业废渣基层的施工中，除要保证石灰下脚料有一定的活性氧化钙含量外，还要注意充分消解，否则路面成形后，未消解的生石灰小块要逐步消解崩裂，造成路面松散损坏。

（2）活性材料

活性材料当有水分存在时，能在常温下和石灰起化学作用，使混合料强度逐渐增高。在道路中用得较广泛的煤渣、粉煤灰、水淬渣、硫铁矿渣（红粉）、钢渣（主要指平炉、转炉钢渣）等，这些材料的化学成分各地、各厂都不相同，一般这类材料都具有一定的活性，在饱和的氢氧化钙溶液中会发生火山灰反应，能产生氢氧化钙结晶和硅酸钙、铝酸钙结晶，形成有一定强度的整体性水硬材料。

水淬渣系热溶状的铁渣，经水骤冷，加速分解成松散状态的一种材料。水淬后的铁渣成为无定形玻璃体的稳定粒状材料，活性高，稳定性好，质地轻脆容易破碎。粒径不超过 10mm，松干密度为 $0.6\sim1.2kg/m^3$。

煤渣是煤经锅炉燃烧后的残渣，它的干松密度在 $700\sim1100kg/m^3$。煤渣的颗粒组成宜以粗细搭配，略有级配，不含杂质为佳。煤渣的最大粒径不应大于 30mm，煤渣中的含煤量最好不超过 20%。

粉煤灰是火力发电厂燃烧煤粉产生的粉状灰渣。绝大多数粉煤灰的主要成分是二氧化硅、三氧化二铝和三氧化二铁。其总含量应大于 70%；粉煤灰的烧失量一般应小于 20%；粉煤灰的比面积宜大于 $2500cm^2/g$。

干粉煤灰和湿粉煤灰都可以应用。干粉煤灰加堆在空地上，要加水，防止飞扬造成污染。湿粉煤灰的含水量不宜超过 35%。在使用时，要注意将凝固的粉煤灰块打碎或过筛，同时清除有害杂质。

粉煤灰的粒径范围在 0.001~0.3mm 之间，但大部分在 0.01~0.1mm 之间。由于粉煤灰细颗粒较多，颗粒锁结强度相对较差，粉煤灰与石灰混合料的初期强度较低（低于煤渣石灰混合料）。所以，从施工方面来看，粗颗粒材料对含水量的敏感性比细颗粒者为小，因此宜尽量选用偏粗的粉煤灰。

钢渣是炼钢副产品,主要有平炉和转炉钢渣两种。平炉、转炉钢渣存放一年以上,呈灰褐色,有微孔,密实时较重。严禁使用新渣、冶炼前期渣。水渣呈蜂窝状,较轻,强度低的不能单独使用。钢渣粒径应不大于50mm,钢渣中游离氧化钙粒径不大于5mm。

(3) 集料

干石灰稳定工业废渣中还可掺入一些集料,包括细粒土、中粒土和粗粒土,高炉重矿渣、钢渣及性质坚韧、稳定、不再分解的其他废渣等。

细粒土宜采用塑性指数12~20的黏性土,土中15~25mm的土块不宜超过5%,且有机质含量不宜超过10%。

中粒土和粗粒土,使用二灰粒料混合时,应符合如下要求:

1) 混合料用作底基层时,粒料的最大粒径不应超过50mm。
2) 混合料用作基层时,粒料的最大粒径不应超过40mm。
3) 碎石、砾石(或其他废渣类骨料)的抗压碎能力应不大于30%~40%(高速、一级公路取低值,二级及以下公路取高值)。
4) 石灰工业废渣混合料中粒料质量宜占80%以上,并具有较好的级配,颗粒组成见表3-3。

二灰级配集料混合料的颗粒组成范围　　　　表3-3

序号	通过下列筛孔(mm)的质量百分率(%)								
	40	30	20	10	5	2	1	0.5	0.075
1	100	90~100	60~85	50~70	40~60	27~47	20~40	10~30	0~15
2		100	90~100	55~80	40~65	28~50	20~40	10~20	0~15

石灰工业废渣混合料中宜掺入适量的粗集料,主要目的是提高这类混合料的初期承载能力,因为工业废渣初期的化学反应不显著,加入粗骨料能增进颗粒间的锁结力。因此对于需要早期开放重车的交通道路,和在冬期、雨期施工时,均宜掺加粗集料。到后期,混合料的强度以化学反应(水硬作用)为主,加与不加粗集料差别就不显著了。

3.3.2 混合料组成设计

石灰工业废渣混合料的组成设计包括:根据二灰混合料的强度标准,通过试验选取最适宜于稳定的土,确定石灰与粉煤灰、石灰与煤渣及石灰与其他废渣的比例,确定石灰粉煤灰、石灰煤渣或其他废渣与土(包括碎石等各种粒料)的比例(质量比),确定混合料的最佳含水量。

各地废渣的来源不同,其成分也不同,因此,混合料的组成比例无法统一规定,需通过试验确定。试验的内容和方法与石灰土混合料相类似。这里仅就混合料的设计步骤及一些地区典型的配比作一介绍。

(1) 原材料的试验

在石灰工业废渣层混合料配比设计前,应取有代表性的样品按《公路工程无机结合料稳定材料试验规程》(JTJ 057)和《公路土工试验规程》(YTJ 051)进行煤渣等的颗粒分析,液限和塑性指数,粒料的压碎值试验,有机质含量(必要时做)。石灰的有效钙和氧化镁含量,废渣的化学成分分析等试验。

(2) 混合料配比范围

对于硅铝粉煤灰（对于高钙粉煤灰，往往石灰用量较少）。

1）采用石灰粉煤灰做基层或底基层时，石灰与粉煤灰的比例可以是（1∶2）～（1∶9）。

2）采用石灰粉煤灰土做基层或底基层时，石灰与粉煤灰的比例常用（1∶2）～（1∶4）。

3）采用石灰粉煤灰粒料做基层时，石灰与粉煤灰的比例常用（1∶2）～（1∶4）；石灰粉煤灰与级配粒料（中粒土和粗料土）的比例可以是（20∶80）～（15∶85）。

4）采用石灰煤渣做底基层时，石灰与煤渣的比例可以是（20∶80）～（15∶85）。

5）采用石灰煤渣土做基层或底基层时，石灰与煤渣的比例可用（1∶1）～（1∶4），石灰煤渣与细粒土的比例可以是（1∶1）～（1∶4）。但混合料中石灰不应少于10%，或通过试验选取强度较高的配合比。

6）采用石灰煤渣粒料做基层或底基层时，石灰∶煤渣∶粒料比例为（7～9）∶（26～33）∶（67～58）。

7）为提高石灰工业废渣的早期强度，可外加1%～2%的水泥或2%～5%的外加剂。

(3) 混合料的设计步骤

1）制备同一种土样，4～5种不同配合比的二灰混合料。其配合比应位于上述所列范围内，对于二灰混合料或其他混合料，其配合比亦应位于上述所列相应的范围内。

2）确定各种二灰土或二灰混合料的最佳含水量和最大干压实密度（用重型击实试验法）。

3）按工地预定达到的压实度，分别计算不同配合比时二灰土或二灰试件的干压实密度。

4）按最佳含水量和计算所得的干压实密度制备试件。进行强度试验时，作为平行试验的试件数量应符合规定次数。如试验结果的偏差系数大于规定值时，则应重做试验，并找出原因，加以解决。如不能降低偏差系数，则应增加试验数量。

5）试件在规定温度下保湿养生6d，浸水1d后，进行无侧限抗压强度试验。计算试验结果的平均值和偏差系数。

6）二灰混合料的7d浸水抗压强度标准规定见表3-4。

二灰混合料强度标准（MPa）　　　　　　　　　　　表3-4

道路等级 层位	高速公路、城市快速路、一级公路	其他公路与城市道路
基层	>0.8	>0.6
底基层	>0.6	>0.5

7）根据上一条的强度标准，选定混合料的配合比。在此配合比下试件室内试验结果的平均抗压强度应符合规定的要求。

3.3.3 路拌法

(1) 施工准备

1）准备下承层

当石灰工业废渣用做基层时，要准备底基层；当石灰工业废渣用做底基层时，要准备土基。对下承层总的要求是：平整、坚实，具有规定的路拱，没有任何松散的材料和软弱地点。因此，对底基层或土基，必须按规范规定进行验收。凡验收不合格的路段，必须采取措施，使其达到标准后，方能在其上铺筑石灰工业废渣层。若底基层或土基因开放交通而受到破坏，则应逐一进行找平、换填、碾压等处理，使其达到标准，逐一断面检查下承层标高是否符合设计要求。在槽式断面的路段，两侧路肩上每隔一段距离（如5～10m）应交错开挖泄水沟（或做盲沟）及时排出积水。保证底基层或土基的干燥。

2）测量

测量的主要内容是在底基层或土基上恢复中线。直线段每15～20m设一桩，平曲线段10m设一桩，并在两侧边缘外0.3～0.5m设指示桩，然后进行水平测量。在两侧指示桩上用红漆标出石灰工业废渣边缘的设计高。

3）备料

A. 粉煤灰被运到路上、路旁或厂内场地后，通常露天堆放。此时，必须使粉煤灰含有足够的水分（含水量15%～20%），以防飞扬。特别在干燥和多风季节，必须使料堆表面保持潮湿，或者覆盖。如在堆放过程中，部分粉煤灰凝结成块，使用时，应将灰块打碎。

B. 土或粒料的准备。采备集料前，应先将树木、草皮和杂土清除干净。集料中的超尺寸颗粒应予筛除。应在预定采料深度范围内自上而下采集集料，不应分层采集，不应将不合格的集料采集在一起。对于黏性土，可视土质和机械性能确定土是否需要过筛。

C. 石灰的准备。石灰宜选在公路两侧宽敞而邻近水源且地势较高的场地集中堆放。预计堆放时间较长时，应用土或其他材料覆盖封存。石灰应在使用前7～10d充分消解。1t石灰消解需用水量一般为500～800kg，消解后的石灰应保持一定的湿度，以免过于飞扬，但也不能过湿成团。消石灰宜过孔径10mm的筛，并尽快使用。

4）其他

A. 路肩用料与石灰工业废渣层用料不同，应采取培肩措施，先将两侧路肩培好。路肩料层的压实厚度应与稳定土层的压实厚度相同。路肩上每隔5～10m应交错开挖临时泄水沟。

B. 计算材料用量。根据各路段石灰工业废渣层的宽度、厚度及预定的干压实密度，计算各路段需要的干混合料数量。根据混合料的配合比、材料的含水量，以及所用运料车辆的吨位，计算各种材料每车料的堆放距离。

（2）运输和摊铺集料

集料运输和摊铺的方法和步骤是：

1）预定堆料的下承层在堆料前应先洒水，使其表面湿润。

2）材料装车时，应控制每车料的数量基本相等。

3）采用二灰混合料时，先将粉煤灰运到路上；采用二灰土时，先将土运到路上；采用二灰粒料时，先将粒料运到路上。在同一料场供料的路段内，由远到近按计算的距离卸置于下承层中间或上侧，卸料距离应严格掌握，避免料不够或过多。

4）料堆每隔一定距离应留一缺口，材料在下承层上的堆置时间不应过长。

5）应事先通过试验确定各种材料及混合料的松铺系数。

6）采用机械路拌时，应采用层铺法，即将先运到路上的材料摊铺均匀后，再往路上运送第二种材料，将第二种材料摊铺均匀后，再往路上运送第三种材料。

在摊铺集料前，应先在未堆料的下承层上洒水，使其表面湿润，然后再用平地机或其他合适的机具将料均匀地摊铺在预定的宽度上。表面应力求平整，并具有规定的路拱。粒料应较湿润，必要时先洒少量水。第一种材料摊铺均匀后，宜先用两轮压路机碾压1～2遍，然后再运送并摊铺第二种材料。在第二种材料层上，也应先用两轮压路机碾压1～2遍，然后再运送并摊铺第三种材料。

(3) 拌合及洒水

1) 机械拌合时，应采用稳定土拌合机或粉碎拌合机。在无专用拌合机械的情况下，也可采用平地机或多铧犁与旋转耕作机或缺口圆盘耙配合进行拌合。采用专用拌合机时，干拌一遍；采用其他机械时，干拌2～4遍。具体拌合方法是：

A. 用稳定土拌合机拌合两遍以上。拌合深度应直到稳定层底。应设专人跟随拌合机，随时检查拌合深度；严禁在底部留有"素土"夹层，也应防止过多破坏（以1cm左右为宜）下承层的表面，以免影响结合料的剂量以及底部的压实。在进行最后一遍拌合之前，必要时先用多铧犁紧贴底面翻拌一遍。直接铺在土基上的拌合层也应避免"素土"夹层。

B. 在没有专用机械的情况下，如为二灰稳定中粒土和细粒土，也可用旋转耕作机与多铧犁或平地机相配合拌合4遍。先用旋转耕作机拌合，后跟铧犁或平地机将底部"素土"翻起，再用旋转耕作机拌合第2遍，用铧犁或平地机将底部料再翻起。随时检查，调整翻犁的深度，使稳定土层全部翻透。严禁在稳定土层和下承层之间残留一层"素土"，也应防止翻犁过深，过多破坏下承层的表面。

C. 在没有专用拌合机械的情况下，也可以用缺口圆盘耙与多铧犁或平地机相配合，拌合二灰稳定中粒土和粗粒土（但其拌合效果较差）。用平地机或铧犁在前面翻拌，用圆盘耙跟在后面拌合，即采用边翻边耙的方法。圆盘耙的速度应尽量快，使二灰与集料拌合均匀，共拌合四遍。开始的两遍不应翻犁到底，以防二灰落到底部；后面的两遍，应翻犁到底，随时拌合，调整翻犁的深度，使稳定土层全部翻透。

2) 用洒水车将水均匀地喷洒在干拌后的混合料上，洒水距离应长些，水车起洒处和掉头处都应超出拌合段2m以上。洒水车不应在正进行拌合的以及当天计划拌合的路段上调头和停留，防止局部水量过大。

3) 拌合机械紧跟在洒水车后面进行拌合。洒水及拌合过程中，应及时检查混合料的含水量。水分宜略大于最佳含水量的1%～2%，尤其在纵坡大的路段上应配合紧密，以减少水分流失。拌合过程中，要及时检查拌合深度，要使石灰工业废渣层全深都拌合均匀。拌合完成的标志是：混合料色泽一致，没有灰条、灰团、花面，没有粗细颗粒"窝"，且水分合适和均匀。对于二灰粒料，应先将石灰和粉煤灰拌合均匀，然后均匀地摊铺在粒料层上，再一起进行拌合。

(4) 整形与碾压

1) 整形

A. 混合料拌合均匀后，先用平地机初步整平和整形。在直线段，平地机由两侧向路中心进行刮平。在平曲线段，平地机由内侧向外侧进行刮平。需要时，再返回刮一遍。

B. 用拖拉机、平地机或轮胎压路机快速碾压1～2遍，以暴露潜在的不平整。

C. 再用平地机如前述那样进行整形，并用上述机械再碾压一遍。

D. 对于局部低洼处，应用齿耙将其表层5cm以上耙松，并用新拌的二灰混合料进行找补整平,再用平地机整形一次。

E. 每次整形都要按照规定的坡度和路拱进行,特别要注意接缝处的整平,接缝必须顺适平整。

在整形过程中,必须禁止任何车辆通行。

初步整形后,检查混合料的松铺厚度,必要时应进行补料或减料。二灰土的松铺系数约为1.5～1.7,二灰粒料的松铺系数约为1.3～1.5,人工摊铺石灰煤渣(土)的松铺系数为1.6～1.8,石灰煤渣粒料为1.4,钢渣石灰为1.4～1.6。用机械拌合及机械整形时,松铺系数为1.2～1.4。

2) 碾压

整形后,当混合料处于最佳含水量±1%时进行碾压。其压实厚度与压实度要求与水泥稳定土相同。如表面水分不足,应适当洒水。

应用12t以上三轮压路机、重型轮胎压路机或振动压路机在路基全宽内进行碾压。直线段由两侧路肩向路中心碾压。平曲线段由内侧路肩向外侧路肩进行碾压。碾压时,后轮应重叠1/2的轮宽;后轮必须超过两段的接缝。后轮压完路面全宽时,即为一遍。碾压到要求的密实度为止。一般需碾压6～8遍,压路机的碾压速度,头两遍以采用1.5～1.7km/h为宜,以后用2.0～2.5km/h。在道路两侧,应多压2～3遍。

用12～15t轮压路机碾压时,每层的压实厚度不应超过15cm;用18～20t轮压路机碾压时每层的压实厚度不应超过20cm。对于二灰粒料,采用能量大的振动压路机碾压时,或对于二灰土,采用振动羊足碾与三轮压路机配合碾压时,每层的压实厚度可根据试验适当增加。压实厚度超过上述要求时,应分层铺筑,每层的最小压实厚度为10cm,下层宜稍厚。

对于二灰土,应采用先轻型、后重型压路机碾压。

严禁压路机在已经完成的或正在碾压的路段上调头和急刹车,以保证稳定土层表面不受破坏。

碾压过程中,二灰稳定土的表面应始终保持湿润。如表面水蒸发得快,应及时补洒少量的水。如有弹簧、松散、起皮等现象,应重新拌合,或用其他方法处理,使其达到质量要求。

在碾压结束之前,用平地机再终平一次,使其纵向顺适,路拱和超高符合设计要求。终平应仔细进行,必须将局部高出部分刮除并扫出路外,对于局部低洼之处,不再进行找补,留待铺筑面层时处理。

(5) 其他

1) 接缝和调头处的处理

A. 横缝。两工作段的搭接部分,应采用对接形式。前一段拌合整平后,留5～8m不进行碾压,后一段施工时,将前段留下未压部分,一起再进行拌合。如第二天接着向前施工,则当天最后一段的末端缝可按此法处理。如第二天不接着向前施工,则当天最后一段的工作缝应按下述方法处理:

(A) 在石灰工业废渣拌合结束后,在预定长度的末端,挖一条横贯全宽的槽,槽内放两根与压实厚度等厚的方木(两根方木加在一起的长度等于铺筑层的宽度),方木的另一侧用素土回填,然后进行整形和碾压。

（B）继续往前施工时，紧接的作业段拌合结束后，除去顶木，用混合料回填。靠近顶木未能拌合的一小段，应人工进行补充拌合。

B. 纵缝。石灰工业废渣层的施工应该避免纵向接缝，在必须分两幅施工时，纵缝必须垂直相接，其处理方法与石灰稳定土相同。

C. 拌合机械及其他机械不宜在已压成的石灰工业废渣层上调头。如必须在上进行调头，应采取措施（如覆盖10cm厚的砂或砂砾），保护调头部分，使石灰工业废渣表层不受破坏。

2）路缘处理

如石灰工业废渣层上为薄沥青路面，基层每边应较面层层宽20cm以上。在基层全宽上喷洒透层沥青或设下封层。最好是满铺沥青面层，也可将沥青面层边缘以三角形向路肩抛出6～10m。如设置路缘砖（块）时，必须注意防止路缘砖（块）阻滞路面表面水和结构层中水的排除。

3）养生及交通管理

A. 石灰工业废渣层碾压完成后的第二天或第三天开始养生。通常采用洒水养生法，每天洒水的次数视气候条件而定，应始终保持表面潮湿或湿润，养生期一般为7d，也可借用透层沥青或下封层进行养生。

B. 在养生期间，除洒水车外，应封闭交通。

C. 养生期结束，应立即铺筑面层或做下封层。其要求与石灰稳定土相同。

D. 石灰工业废渣分层施工时，下层碾压完毕后，可以立即在上铺筑另一层，不需专门养生期。

3.3.4 中心站集中拌合（厂拌）法施工

石灰工业废渣混合料可以在中心站用多种机械进行集中拌合，例如，强制式拌合机、双转轴桨叶式拌合机等。也可以用路拌机械或人工在场地上进行分批集中拌合。集中拌合时，必须掌握下列各个要点：土块、粉煤灰块要粉碎；配料要准确；含水量要略大于最佳值，使其运到现场、摊铺后碾压时的含水量能接近最佳值；拌合要均匀。

3.4 热拌沥青混合料路面的施工

3.4.1 沥青混合料

用不同粒级的碎石、天然砂或破碎砂、矿粉和沥青按一定比例在拌合机中热拌所得的混合料称沥青混凝土混合料。这种混合料的矿料部分具有严格的级配要求，这种混合料压实后所得的材料具有规定的强度和孔隙率时，称作沥青混凝土。

沥青混凝土具有很高的强度和密实度，在常温下并具有一定的塑性。它的强度和密实度是各种沥青矿料混合料中最高的，密实沥青混凝土的透水性很小、水稳性好，有较大的抵抗自然因素和行车作用的能力，因此，它的使用寿命长、耐久性好。沥青混凝土面层是适合现代高速汽车行驶的一种优质高级柔性面层，铺在坚实基层上的优质沥青混凝土面层可以使用20～25年，国外的重交通道路和高速公路，主要采用沥青混凝土做面层。沥青混凝土在我国城市道路和高等级公路上也得到了广泛的应用。

就材料组成和制备及铺筑工艺而言，沥青混凝土与沥青碎石（混合料）有很多相似之处，只是沥青混凝土对矿料的级配要求很严格，粒径5mm（圆孔筛）或4.75mm（方孔筛）以上的碎石含量较沥青碎石少，同时必须采用矿粉。

国际上对道路路面用沥青混凝土有多种分类方法，我国直接用矿料的最大粒径区分沥青混凝土混合料，并在最大粒径之前冠以字母 LH 表示圆孔筛，冠以字母 AC 表示方孔筛。如 LH-30，表示标称最大粒径为圆孔筛 30mm 的沥青混凝土混合料，同时将同一最大粒径的混合料分为Ⅰ型和Ⅱ型两种。Ⅰ型表示密实沥青混凝土，其孔隙率为 3％～6％；Ⅱ型表示孔隙沥青混凝土，其孔隙率为 6％～10％。

粗粒式沥青混凝土通常用于铺筑面层的下层，它的粗糙表面使它与上层良好粘结，也可用于铺筑基层，从提高沥青面层的抗弯拉疲劳寿命出发，采用粗粒式沥青混凝土做底面层明显优于采用沥青碎石。

中粒式沥青混凝土主要用于铺筑面层的上层，或用于铺筑单层面层。Ⅱ型中粒式沥青混凝土，虽能使面层表面有较大的粗糙度，在环境不良路段可保证汽车轮胎与面层有适当的附着力，或在高速行车时可使面层表面的摩擦系数降低的幅度小，有利于行车安全，但其空隙率较大和透水性较大，因此耐久性较差，不是用作表面层的理想材料。Ⅰ型中粒式沥青混凝土可具有良好的摩擦系数，但表面构造深度常达不到要求。

对于面层的上层，在城市道路上使用最广的是细粒式沥青混凝土。与中粒式和粗粒式沥青混凝土相比，细粒式沥青混凝土的均匀性较好，并有较高的抗腐蚀稳定性。只要矿料的级配组成合适，并满足其他技术要求，细粒式沥青混凝土具有足够的抗剪切稳定性，可以防止产生推挤、波浪和其他剪切形变。但细粒式沥青混凝土的表面构造深度通常达不到要求。

综上所述，沥青混凝土路面具有以下一些优点：

（1）施工质量符合要求的沥青混凝土路面的强度高，能承担各种繁重的交通运输任务。

（2）具有良好的平整度，表面坚实、无接缝，因此，行车平稳、舒适、噪声小，且经久耐用。

（3）由于它的透水性小，它比其他各种沥青面层更能防止表面水渗入路面结构层。

（4）沥青混凝土混合料通常集中在工厂或中心站，用机械加工拌制，石料的配合比以及沥青用量都得以严格控制，质量容易得到保证。

（5）可以大面积施工，现场操作方便，完成后可以及时通车。

（6）沥青混凝土面层的可施工期较沥青表面处治和沥青贯入要长。

3.4.2 沥青混合料施工

热拌沥青混合料路面采用厂拌法施工，集料和沥青均在拌合机内进行加热与拌合，并在热的状态下摊铺碾压成型。施工按下列顺序进行：

（1）施工准备

施工前的准备工作主要包括原材料的质量检查、施工机械的选型和配套、拌合厂选址与备料、下承层准备、试验路铺筑等工作。

1）原材料质量检查

沥青、矿料的质量应符合前述有关的技术要求。

2）施工机械的选型和配套

根据工程量大小、工期要求、施工现场条件、工程质量要求按施工机械应互相匹配的原则，确定合理的机械类型、数量及组合方式，使沥青路面的施工连续、均衡。施工前应检修各种施工机械，以便在施工中能正常运行。

3）拌合厂选址与备料

由于拌合机工作时会产生较大的粉尘、噪声等污染，再加上拌合厂内的各种油料及沥青为可燃物，因此拌合厂的设置应符合国家有关环境保护、消防安全等规定，一般应设置在空旷、干燥、运输条件良好的地方。拌合厂应配备实验室及足够的试验仪器和设备，并有可靠的电力供应。拌合厂内的沥青应分品种、分标号密闭贮存。各种矿料应分别堆放，不得混杂。矿粉等填料不得受潮。各种集料的贮存量应为日平均用量的 5 倍左右，沥青与矿粉的贮存量应为日平均用量的两倍。

4）试验路铺筑

高速公路和一级公路沥青路面在大面积施工前应铺筑试验路；其他等级公路在缺乏施工经验或初次使用重要设备时，也应铺筑试验路段。试验路的长度根据试验目的确定，通常在 100～200m 以上。热拌沥青混合料路面的试验路铺筑分试拌、试铺及总结三个部分：

A. 通过试拌确定拌合机的上料速度、拌合数量、拌合时间及拌合温度等，验证沥青混合料目标生产配合比，提出生产用的矿料配合比及沥青用量。

B. 通过试铺确定透层沥青的标号和用量、喷洒方式、喷洒温度，确定热拌沥青混合料的摊铺温度、摊铺速度、摊铺宽度、自动找平方式等操作工艺，确定碾压顺序、碾压温度、碾压速度及遍数等压实工艺，确定松铺系数和接缝处理方法等；建立用钻孔法及核子密度仪法测定密实度的对比关系，确定粗粒式沥青混凝土或沥青碎石路面的压实密度，为大面积路面施工提供标准方法和质量检查标准。

C. 确定施工产量及作业段长度，制定施工进度计划，全面检查材料质量及施工质量，落实施工组织及管理体系、人员、通信联络及指挥方式等。

试验路铺筑结束后，施工单位应就各项试验内容提出试验总结报告，取得主管部门的批准后方可用以指导大面积沥青路面的施工。

（2）沥青混合料拌合

热拌沥青混合料必须在沥青拌合厂（场、站）采用专用拌合机拌合。

1）拌合设备与拌合流程

拌合机拌和沥青混合料时，先将矿料粗配、烘干、加热、筛分、精确计量，然后加入矿粉和热沥青，最后强制拌合成沥青混合料。若拌合设备在拌合过程中集料烘干与加热为连续进行，而加入矿粉和沥青后的拌合为间歇（周期）式进行，则这种拌合设备为间歇式拌合机。若矿料烘干加热与沥青混合料拌合均为连续进行，则为连续式拌合机。

间歇式拌合机拌合质量较好，而连续式拌合机拌合速度较高。当路面材料多来源、多处供应或质量不稳定时，不得用连续式拌和机拌合。高速公路和一级公路的沥青混凝土宜采用间歇式拌合机拌合。自动控制、自动记录的间歇式拌合机在拌合过程中应逐盘打印沥青及各种矿料的用量和拌合温度。

2）拌合要求

拌合时应根据生产配合比进行配料，严格控制各种材料的用量和拌合温度，确保沥青混合料的拌合质量。沥青与矿料的加热温度应调节到能使混合料出厂温度符合规定的要求，超过规定加热温度的沥青混合料已部分老化，应禁止使用。沥青混合料的拌合时间以混合料拌合均匀、所有矿料颗粒全部被均匀裹覆沥青为度，一般应通过试拌确定。

拌合机拌合的沥青混合料应色泽均匀一致、无花白料、无结团成块或严重粗细料离析现象，不符合要求的混合料应废弃并对拌合工艺进行调整。拌合的沥青混合料不立即使用时，可存入成品储料仓，存放时间以混合料温度符合摊铺要求为准。

(3) 沥青混合料运输

热拌沥青混合料宜采用吨位较大的自卸汽车运输。汽车车厢应清扫干净，并在内壁涂一薄层油水混合液。从拌合机向运料车上放料时，应每放一料斗混合料挪动一下车位，以减小集料离析现象，运料车应用篷布覆盖以保温、防雨、防污染，夏季运输时间短于0.5h时可不覆盖。混合料运料车的运输能力应比拌合机拌合或摊铺机摊铺能力略有富余。施工过程中，摊铺机前方应有运料车在等候卸料。运料车在摊铺机前10～30cm处停住，不得撞击摊铺机，卸料时运料车挂空挡，靠摊铺机推动前进，以利于摊铺平整。

(4) 沥青混合料摊铺

将混合料摊铺在下承层上是热拌沥青混合料路面施工的关键工序之一，内容包括摊铺前的准备工作、摊铺机各种参数的选择与调整、摊铺作业等工作。

1) 摊铺前的准备工作

摊铺前的准备工作包括下承层准备、施工测量及摊铺机检查等。

摊铺沥青混合料前应按要求在下承层上浇洒透层、粘层或铺筑下封层。热拌沥青混合料面层下的基层应具有设计规定的强度和适宜的刚度，有良好的水温稳定性，干缩和温缩变形应较小，表面平整、密实，高程及路拱横坡符合设计要求且与沥青面层结合良好。沥青面层施工前应对其下承层作必要的检测，若下承层受到损坏或出现软弹、松散或表面浮尘时，应进行维修。下承层表面受到泥土污染时应清理干净。

摊铺沥青混合料前应提前进行标高及平面控制等施工测量工作。标高测量的目的是确定下承层表面高程与设计高程相差的确切数值，以便挂线时纠正为设计值以保证施工层的厚度。

为便于控制摊铺宽度和方向，应进行平面测量。

每工作日的开工准备阶段，应对摊铺机的刮板输送器、闸门、螺旋布料器、振动梁、熨平板、厚度调节器等工作装置和调节机构进行检查，在确认各种装置及机构处于正常工作状态后才能开始施工，若存在缺陷和故障时应及时排除。

2) 调整、确定摊铺机的参数

摊铺前应先调整摊铺机的机构参数和运行参数。其中机构参数包括熨平板的宽度、摊铺厚度、熨平板的拱度、初始工作仰角、布料螺旋与熨平板前缘的距离、振捣梁行程等。

摊铺机的摊铺带宽度应尽可能达到摊铺机的最大摊铺宽度，这样可减少摊铺次数和纵向接缝，提高摊铺质量和摊铺效率。确定摊铺宽度时，最小摊铺宽度不应小于摊铺机的标准摊铺宽度，并使上、下摊铺层的纵向接缝错位30cm以上。摊铺厚度是用两块5～10cm宽的长方木为基准来确定，方木长度与熨平板纵向尺寸相当，厚度为摊铺厚度。定位时将熨平板抬起，方木置于熨平板两端的下面，然后放下熨平板，此时熨平板自由落在方木上，转动厚度调节螺杆，使之处于微量间隙的中立值。摊铺机熨平板的拱度和工作初始仰角根据各机型的操作方法调节，通常要经过试铺来确定。

大多数摊铺机的布料螺旋与熨平板前缘的距离是可变的，通常根据摊铺厚度、沥青混合料组成、下承层的强度与刚度等条件确定。摊铺正常温度、厚度为10cm的粗粒式或中粒式沥青混合料时，此距离调节到中间值。若摊铺厚度大，沥青混合料的矿料粒径大、温度偏低时，布料螺旋与熨平板前缘的距离应调大，反之，此距离应调小。

通常条件下，振捣梁的行程控制为4～12mm。当摊铺层较薄、矿料粒径较小时，应采用较小的振捣行程，反之，应采用较大的行程。

3）摊铺作业

摊铺机的各种参数确定后，即可进行沥青混合料路面的摊铺作业。摊铺作业的第一步是对熨平板加热，以免摊铺层被熨平板上粘附的粒料拉裂而形成沟槽和裂纹，同时对摊铺层起到熨烫的作用，使其表面平整无痕。加热温度应适当，过高的加热温度将导致烫平板变形和加速磨耗，还会使混合料表面泛出沥青胶浆或形成拉沟。

摊铺高速公路和一级公路沥青路面时，所采用的摊铺机应装有自动或半自动调整摊铺厚度及自动找平的装置，有容量足够的受料斗和足够的功率推动运料车，有可加热的振动熨平板，摊铺宽度可调节。通常采用两台以上摊铺机成梯队进行联合作业，相邻两幅摊铺带重叠5～10cm，相邻两台摊铺机相距10～30m，以免前面已摊铺的混合料冷却而形成冷接缝，摊铺机在开始受料前应在料斗内涂刷防止粘结的柴油，避免沥青混合料冷却后粘附在料斗上。

摊铺机必须缓慢、均匀、连续不间断地进行摊铺，摊铺过程中不得随便变换速度或中途停顿。摊铺机螺旋布料器应不停顿地转动，两侧应保证有不低于布料器高度2/3的混合料，并保证在摊铺的宽度范围内不出现离析。

摊铺机自动找平时，中、下面层宜采用一侧钢丝绳引导的方式控制高程，上面层宜采用摊铺前后保持相同高差的雪橇式摊铺厚度控制方式。经摊铺机初步压实的摊铺层平整度、横坡等应符合设计要求。沥青混合料的松铺系数根据混合料类型、施工机械等通过试压或根据以往经验确定。在沥青混合料摊铺过程中，若出现横断面不符合设计要求、构造物接头部位缺料、摊铺带边缘局部缺料、表面明显不平整、局部混合料明显离析及摊铺机有明显拖痕时，可用人工局部找补或更换混合料，但不应由人工反复修整。

控制沥青混合料的摊铺温度是确保摊铺质量的关键之一。高速公路和一级公路的施工气温低于10℃，其他等级公路施工气温低于5℃时，不宜摊铺热拌沥青混合料。必须摊铺时，应提高沥青混合料拌合温度，并符合规定的低温摊铺要求。运料车必须覆盖保温，尽可能采用高密度摊铺机摊铺，并在熨平板加热摊铺后紧接着碾压，缩短碾压长度。

(5) 沥青混合料的压实

碾压是热拌沥青混合料路面施工的最后一道工序，若前述各工序的施工质量符合要求而碾压质量达不到要求，则将前功尽弃，达不到路面施工的目的。压实的目的是提高沥青混合料的密实度，从而提高沥青路面的强度、高温抗车辙能力及抗疲劳特性等路用性能，是形成高质量沥青混凝土路面的又一关键工序。碾压工作包括碾压机械的选型与组合，碾压温度、碾压速度的控制，碾压遍数、碾压方式及压实质量检查等。

沥青路面压实机械分静载光轮压路机、轮胎压路机和振动压路机等类型。

1）碾压遵循的原则

A. 少量喷水，保持高温，梯形重叠，分段碾压。

B. 由路外侧（低侧）向中央分隔带方面碾压。

C. 每个碾道与相邻碾道重叠 1/2 轮宽。

D. 压路机不得在未压完或刚压完的路面上急刹车、急弯、调头、转向，严禁在未压完的沥青层上停机。

E. 振动压路机用振动压实，需停驶、前进或后返时，应先停振，再换挡。

2）压实机械组合形式（见表 3-5）

以某高速公路沥青混凝土面层施工为例，其面层结构为：上面层为 AC-16B（厚 4cm）；中面层为 AC-25Ⅰ（厚 6cm）；下面层为 AC-25Ⅱ（厚 6cm）。

各结构层压路机械组合形式、碾压速度、碾压遍数　　　　　表 3-5

沥青路面层次	压路机类型	初压		复压		终压	
		速度(km/h)	遍数	速度(km/h)	遍数	速度(km/h)	遍数
上面层	CC21 振动压路机	3	2				
	DD110 振动压路机			4	2		
	16t 轮胎压路机			6	6		
	VV150 振动压路机					4	2
中面层	CC21 振动压路机	3	2				
	16t 轮胎压路机			5	9		
	DD110 振动压路机					5	2
下面层	CC21 振动压路机	3	2				
	16t 轮胎压路机			5	9		
	DD110 振动压路机					5	2

3）碾压程序

沥青混合料各层的碾压成型分为初压、复压、终压三个阶段。

A. 初压主要为了增加沥青混合料的初始密度起稳定作用。由一台 CC21 双钢轮振动压路机完成。静压、振压各一遍。振压用高频率低振幅，速度为 3km/h，紧跟摊铺机，尽量少喷水，坚持高温碾压，一般初压温度在 130～140℃左右。

B. 复压主要解决压实问题。开始复压温度应在 100℃左右，通过复压达到或超过规定的压实度。

C. 终压主要是消除压实中产生的轮迹，使表面平整度达到或超过要求值，碾压终了温度应不低于 70℃。

沥青路面边缘压实时应先留下 30cm 左右不压，待两个压实阶段完后再压，并多压 1～2 遍，靠路缘石处压路机压不到时，用振动夯板补压。

经过终压后，由专人检测平整度，发现平整度超过规定时，应在表面温度较高时，进行处理，直至符合要求。

(6) 接缝处理

整幅摊铺无纵向接缝，只要认真处理好横向接缝，就能保证沥青上面层有较高的平整度。由于横向接缝为冷接缝，处理难度较大，但处理的好与坏将直接影响路面的平整度，为此采取了以下措施：

1）在已成型沥青路面的端部，先用 6m 直尺检查，将平整度超过 3mm 的部分切去，挖除干净，并将切面上的污染物用水洗刷干净，再涂以粘层沥青，基本干后，摊铺机再就位。

2) 在熨平板开始预热前，量出接缝处沥青层的实际厚度，根据松铺系数算出松铺厚度。熨平板应预热15～20min，使接缝处原路面的温度在65℃以上。开始铺筑的速度要慢，一般为2m/min。

3) 碾压开始前，将原路面上的沥青混合料清除干净，接缝处保持线条顺直，固定1台DD110振动压路机处理接缝。由于路堤较高，中央分隔带处有路缘石，路面中间部分采用横向碾压，两侧采用纵向碾压；一般为静压2遍，振压2遍，用6m直尺检查平整度，发现高时就刮平；发现低时就填以细混合料，反复整平碾压，直至符合要求。横压时钢轮大部分压在原路面上，逐渐移向新铺路面，前后约5～6遍；纵压时应使压路机的后轮超出接缝3～6m。一般振压2遍，静压2～3遍就能符合要求。

课题4 沥青路面施工机械设备

4.1 沥青混合料摊铺机

沥青混凝土摊铺机是专门用于摊铺沥青混凝土路面的施工机械，可一次完成摊铺、捣压和熨平三道工序，与自卸汽车和压路机配合作业，可完成铺设沥青混凝土路面的全部工程。摊铺机的分类有：

(1) 按移动方式分类

可分为拖式和自行式（图3-3）两种，拖式摊铺机要靠自卸汽车牵引移动，生产率和摊铺质量都较低，应用较少。

图3-3 拖式沥青混凝土摊铺机

(2) 按行驶装置分类

轮胎式沥青混凝土摊铺机（图3-4）：自行速度较高，机动性好，构造简单，应用较为广泛。

履带式沥青混凝土摊铺机（图3-5）：特点是牵引力大，接地比压小，可在较软的路基上进行作业，且由于履带的滤波作用，使其对路基不平度的敏感性不大。缺点是行驶速

图 3-4 轮胎式沥青混凝土摊铺机

图 3-5 履带式沥青混凝土摊铺机

度低,机动性差,制造成本较高。

复合式沥青混凝土摊铺机:综合应用了前两种形式的特点,工作时用履带行走,运输时用轮胎,一般用于小型摊铺机,便于转移工作地点。

(3)按接料方式分类

有接料斗的沥青混凝土摊铺机(图 3-6):可借助于刮板输送器和倾翻料斗来对工作机构进行供料,特点是易于调节混合料的称量,但结构复杂。

无接料斗的沥青混凝土摊铺机:混合料直接卸于路基上,特点是结构简单,但混合

图 3-6 有接料斗的沥青混凝土摊铺机

的计量精度较低。

4.2 压 路 机

压路机按行走方式分,有拖式和自行式两种,现代压路机一般为自行式的,其结构质量较小,机动灵活,压实效果也较好。

按滚轮的材料性质分,有铁轮压路机和轮胎压路机,前者的滚轮是钢制的金属轮,结构简单、造价便宜,应用较为普遍;后者的滚轮是特制的充气光面轮胎,由于胶轮的弹性作用,其压实表面均匀而密实,且压实的接地面积也较宽,故压实效果很好。

按滚轮形状分,有钢制光轮压路机、羊脚碾滚轮压路机和凸爪式滚轮压路机。

按压实的原理方法分,有静碾压式压路机和动碾压式压路机,前者采用的压实方法是滚压,而后者采用的是滚压和夯实的综合。

下面介绍几种在公路工程中应用较多的压路机:

(1) 光轮压路机

光轮压路机是靠光面滚轮自重的静压力来进行压实作业的,其压实深度不大,可用于路基、路面和其他各种大面积回填土的压实施工(图3-7)。

图3-7 光轮压路机

压实路基时应着眼于提高其强度和稳定性,作业的特点是"先轻后重、先慢后快、先边后中"。所谓先轻后重是指初压时用轻型压路机,随着碾压次数的增加,可改用中型或重型压路机进行重压;所谓先慢后快是指初压时考虑到土壤较松散应使用低速,以使作用时间长些、作用深度大些,随着碾压次数的增加,应采用较高的工作速度,以提高作业效率;所谓先边后中是指压实应从路基两侧开始,逐渐向路面中心移动,以保持路基的拱形。

在压实过程中还应保持压路机行驶的直线性,使相邻压实带有1/3的重叠量,并根据土壤性质和压实层厚度来增减配重,以调节单位线压力,获得最佳的碾压质量。

压实路面时应着眼于获得表面最大的密实度,以保证砌铺层在承载后的相对稳定,其作业特点与压实路基基本一样,也是先轻后重和先慢后快。在碾压中还应注意:相邻压实带应重叠0.2~0.3m,驱动轮应超过两段铺筑层接缝0.5~1.0m,路面两侧应多碾压2~3遍等。总之,压路机的选用与使用,应根据材料料型,含水量大小,压实方法,严格按规范进行。

(2) 振动压路机

振动压路机（图 3-8）是利用机械高频率的振动，使被压材料的颗粒发生共振，从而使颗粒间产生相对位移，其摩擦力会减小、间隙也会缩小，土层即被压实。它与静力土压路机相比，可得到较大的线压力，压实效果提高 1～2 倍，动力节省 1/3，材料消耗节约 1/2，且压实厚度大、适应性强，但不宜压实黏性土，操作人员易产生疲劳。振动压路机的分类有：

图 3-8　振动压路机

1) 按结构质量分类

可分为轻型、中型和重型振动压路机，机重分别为 0.5～2t、2～4.5t 和 8t 以上。

2) 按传动方式分类

机械传动式振动压路机：是通过齿轮、链条来驱动压路机行走，并使碾压轮产生振动。

液压传动式振动压路机：通过油泵产生的高压油使碾压轮产生振动，通过机械传动使压路机行走。

3) 按行驶方式分类

拖式振动压路机：由牵引车来使压路机拖驶的。

自行式振动压路机：本身带有动力和行走装置，目前多数采用该种行驶方式。

4) 按振动特征分类

非定向振动式压路机，其振动轨迹为一椭圆或圆，不工作时其振动偏心块处于最低位置，起振需要较大的附加力矩。

定向振动式压路机，其轨迹为一直线，其他与非定向式相同。

摆振式压路机，其轨迹为一小圆弧，工作是由两个串联的振动轮进行，每个振动轮上各有一个互相错开 180° 的单轴式振动器，其起振附加转矩较小，功率消耗小。

5) 按滚轮数分类

可分为手扶单滚轮式、二轮二轴式和三轮二轴式。

6）按滚轮型式分类

可分为全钢轮式和组合轮式两种，前者的前后轮均为钢轮，且前轮为振动轮（驱动轮）、后轮为转向轮；后者的前轮为钢轮、后轮为胶轮。

(3) 轮胎压路机

轮胎压路机（图 3-9）是一种由多个特制的光面充气轮胎组成的特种车辆。由于胶轮弹性产生的揉压作用，使压实层的物料颗粒能向各个方向移动，因此由轮胎压路机压实的料层均匀而密实。在使用中，为了克服轮胎质量轻的缺点而提高压实效果，可通过增减机架上的配重来调节机重，并且轮胎的气压也可调节，因而在沥青路面的压实中，轮胎压路机具有优越的性能。

轮胎压路机可用于压实各种黏性和非黏性土，对砂石和土混合料的压实更有明显的效果。

图 3-9 轮胎压路机

(4) 羊脚碾

羊脚碾（图 3-10）是一种用于碾压新填松土的压实机械，其单位面积的应力较大，压实深度较厚，压实效果较好。

羊脚碾既可用于压实非黏性土，又可压实含水量不大的黏性土和细粒砂砾以及碎石与土的混合料。在碾压初，羊脚陷入土中使滚轮表面与土接触，因而接触面积较大，单位压

图 3-10 羊脚碾

力较小。随着碾压次数的增加，土密实度的提高，羊脚逐渐从土中露出表面，这时，只有羊脚与土接触，其接触面积很小，单位压力很大，压实能力很高。但由于羊脚的深入，使得被压土层表面的平整度很差，还需要用光轮碾加工。

课题5 施工质量标准、施工安全要求

5.1 施工质量标准

5.1.1 施工前的材料与设备检查

（1）材料质量检查

材料质量是沥青路面的保证，现在有些路面工程早期破坏严重，当年修当年坏的情况也不少见，其中材料不好是原因之一。所以，在工程施工开始前以及施工过程中，发生材料来源或规格的变化时，必须对材料来源、材料质量、数量、供应计划、材料场堆放及储存条件等进行检查。

施工前材料的质量检查应以同一料源、同一次购入并运至生产现场（或储入同一沥青罐、池）的相同规格品种的集料沥青为一"批"进行检查。材料试样的取样数量与频率按现行试验规程的规定进行，每批材料的质量应符合规范的规定。对沥青等重要试样，每一批都应在试验后留样，封存备查，并记录沥青使用的路段，留存的数量不宜少于4kg。

（2）设备检查

机械设备是保证路面施工质量的另一个重要因素。国外对机械设备的要求很严格、很具体。我国国产机械型号复杂，质量优劣差别也很大。因此，在施工前必须对拌合厂及沥青路面施工机械和设备的配套情况、性能、计量精度等进行认真细致地检查。不符合规定要求的施工机械和设备杜绝采用。

对实行监理制度的工程项目，材料试验结果及据此进行的配合比设计的结果、施工机械和设备的检查结果都应在使用前规定的期限内向监理工程师或工程质量监督部门提出正式报告，待取得正式认可后方可使用。特别是沥青等主要材料，为杜绝工程使用伪劣产品或弄虚作假，施工单位除必须十分重视进行材料试验外，还应经监理工程师、质检站或工程质量检测中心试验认可。

5.1.2 施工过程中的质量管理与检查

（1）一般要求

1）沥青面层施工必须在得到主管部门的开工令后方可开工。

2）在施工过程中，应由专职的质量检测机构负责施工质量的检查和试验。

3）施工单位在施工过程中应对施工质量进行自检。实行监理制度的工程项目，监理工程师或质量监督人员亦应进行抽检或旁站检验，并对施工单位的自检结果进行检查认定。当施工人员、监理工程师、监督人员发现有异常情况时，应立即报告或追加试验检查。

（2）施工过程中的材料检查内容及要求

施工中的材料检查也是在每批材料进场时已进行过检查及批准的基础上，在施工过程中再抽查其质量稳定性（变异性）。施工单位在施工过程中必须经常对各种施工材料进行抽样检查，其检查的内容及要求见表3-6。材料质量应符合质量指标的要求。

施工过程中材料质量检查的内容与要求　　　　　　　　　　表 3-6

材料	检查项目	检查频度	
		高速公路、一级公路	其他等级公路
粗集料	外观(石料品种、扁平细长颗料、含泥量)	随时	随时
	颗粒组成	随时	必要时
	压碎值	必要时	必要时
	磨光值	必要时	必要时
	洛杉矶磨耗值	施工需要时	必要时
	含水量	施工需要时	施工需要时
	松方单位重		施工需要时
细集料	颗粒组成	必要时	必要时
	含水量	施工需要时	施工需要时
	松方单位重	施工需要时	施工需要时
矿料	外观	随时	随时
	小于 0.075mm 含量	必要时	必要时
	含水量	必要时	必要时
石油沥青	针入度	每 100t 1 次	每 100t 1 次
	软化点	每 100t 1 次	每 100t 1 次
	延度	每 100t 1 次	每 100t 1 次
	含蜡量	必要时	必要时
煤沥青	黏度	每 50t 1 次	每 100t 1 次
乳化沥青	黏度	每 50t 1 次	每 100t 1 次
	沥青含量	每 50t 1 次	每 100t 1 次

(3) 施工过程中的质量控制标准

施工过程中的质量检查包括工程质量及外形尺寸两部分。其检查内容、频度、质量标准应符合表 3-7 和表 3-8 的规定要求。

沥青面层施工过程中质量的控制标准　　　　　　　　　　表 3-7

路面类型	项目	检查频度	质量要求或允许偏差(单点检验)		试验方法
			高速、一级公路	其他等级公路	
热拌沥青混合料路面	矿料级配:与生产设计标准级配的差(方孔筛)	每台拌合机 1~2 次/日			拌合厂取样,用抽取后的矿料筛分,应至少检查 0.075mm、2.36mm、4.75mm 最大集料粒径及中间粒径等 5 个筛孔。中间粒径宜为:细、中粒式为 9.5mm;粗粒式为 13.2mm
	0.075mm		±2%	±2%	
	≤2.36mm		±6%	±7%	
	≥4.75mm		±7%	±8%	
	沥青用量(油石比)	每台拌合机 1~2 次/日	±0.3%	±0.5%	拌合厂取样,离心法抽提(用射线法沥青含量测定仪随时检查)
	马歇尔试验:稳定度、流值、密度、空隙率	每台拌合机 1~2 次/日	符合马歇尔试验技术标准	符合马歇尔试验技术标准	拌合厂取样成型试验
	浸水马歇尔试验	必要时	符合马歇尔试验技术标准	符合马歇尔试验技术标准	拌合厂取样成型试验
	压实度	每 200m 检查 1 次,1 次不少于 1 个孔	马歇尔试验密度的 96%,试验段钻孔密度的 99%	马歇尔试验密度的 95%,试验段钻孔密度的 99%	现场钻孔(或挖坑)试验

施工过程中沥青面层外形尺寸的质量控制标准　　表 3-8

路面类型	检查项目		检查频度	规定值或允许偏差（单点检验）		试验方法
				高速、一级公路	其他等级公路	
沥青混凝土面层和沥青碎砾石	厚度		每200m每车道1点	总厚度—8 上面层—4	总厚≤60时—5 总厚>60时—8	按JTJ 071—98中附录H检查
	平整度（最大间隙）		每200m 2处×10处	15mm	20mm	3m直尺
	宽度	有侧石	每200m 4处	±20mm	±30mm	用水准仪测量
		无侧石		不少于设计值		
	横坡度		每200m 4断面	±0.3%	±0.5%	用尺量

5.1.3 交工验收阶段的工程质量检查与验收

（1）工程完工后，施工单位应将全线以1～3km（公路）或100～500m（城市道路）作为一个评定路段，按表3-9的规定频率，随机选取测点，对沥青面层进行全线自检，计算平均值、标准差及变异系数，向主管部门提交全线检测结果、施工总结报告，以及原始记录、试验数据等质量保证资料，申请交工验收。

（2）工程完工后应全线测定路面平整度、宽度、纵断面高程、横坡度等，并提出竣工图。

（3）交工验收阶段检查与验收的各项质量指标应符合表3-9的规定。

沥青混凝土及沥青碎石路面工程交工验收检查与验收标准　　表 3-9

路面类型	检查项目		检查频度（每一幅车行道）	质量要求或允许偏差		试验方法
				高速、一级公路	其他等级公路	
沥青混凝土及沥青碎石路面	面层总厚度①	代表值	每1km 5点	—8mm	—5mm或—8mm	钻孔
		极值	每1km 5点	—15mm	—10mm或—15mm	钻孔
	上面层厚度①	代表值	每1km 5点	—4mm		钻孔
		极值	每1km 5点	—10%		钻孔
	平整度	标准值	全线连续	—1.8mm	2.5mm	3m平整度仪
		最大间隙	每1km 10处，连续10尺		5mm	3m直尺
	宽度	有侧石	每1km加个断面	±2cm	±3cm	用尺量
		无侧石	每1km 20个断面	不小于设计宽度		用尺量
	纵断面高程		每1km 20个断面	±15mm	±20mm	水准仪
	横坡度		每1km 20个断面	±0.3%	±0.5%	水准仪
	沥青用量		每1km 1点	±0.3%	±0.5%	钻孔后抽提
	矿料级配		每1km 1点	符合设计级配	符合设计级配	抽提后筛分
	压实度	代表值	每1km 5点	95%(98%)	94%(98%)	钻孔取样法
	弯沉	贝克曼梁	全线每20m 1点	符合设计要求	符合设计要求	贝克曼梁
		自动弯沉	全线每5m 1点	符合设计要求	符合设计要求	自动弯沉仪
	抗滑表层	构造深度	每1km 5点	符合设计要求	符合设计要求	摆式仪
		摩擦系数摆值	每1km 5点	符合设计要求	符合设计要求	横向力摩擦
		横向力系数	全线连续	符合设计要求	符合设计要求	系数测定车

5.2 施工安全要求

5.2.1 安全管理的重要性

安全生产是施工项目重要的控制目标之一，也是衡量施工项目管理水平的重要标志，施工项目安全管理，就是在施工过程中，组织安全生产的全部管理活动。通过对生产因素

（人和物）具体的状态控制，使施工生产全过程中潜伏的危险处于受控状态，消除事故隐患，不引发人为事故，尤其是不引发能使人受到伤害的事故，确保施工生产安全。

施工项目要实现以经济效益为中心的工期、成本、质量、安全等的综合目标管理，搞好施工的安全管理，保护职工在施工生产中的安全和健康，保护设备、物资不受损坏，不仅是管理的首要职责，也是调动职工积极性的必要条件。没有安全的施工生产条件，也就没有施工生产的高效率和高质量。

安全管理的特点：

（1）统一性：安全和生产是辩证的统一，即在保证安全的前提下发展生产，在发展生产的基础上不断改善安全设施。生产有了安全保障，才能持续、稳定的发展。生产活动中事故层出不穷，生产势必陷于混乱、甚至瘫痪状态。因此，管生产必须同时管安全。安全管理是生产管理的重要组成部分。

（2）预防性：安全施工要做到防患于未然，贯彻"安全第一、预防为主"的方针。安全第一是从保护生产力的角度和高度，表明在生产范围内，安全与生产的关系，肯定安全在生产活动中的位置和重要性。

（3）长期性：安全施工是施工过程中一项经常性工作，要始终贯彻安全管理措施和安全技术措施，做到经常化、制度化。

（4）"四全"动态管理性：安全施工与每个职工的切身利益息息相关，因此，安全管理不是少数人和安全机构的事，而是一切与生产有关的人共同的事（全员）。涉及到生产活动的各个方面（全方位），涉及到从开工到竣工的全部生产过程（全过程），涉及到全部生产时间（全天候），涉及到一切变化着的生产因素。因此，在施工中必须坚持"全员参与、全过程、全方位、全天候"的动态管理。

（5）科学性：各种安全措施都是科学原理与实践经验的结合，为此要不断加强和改进。

5.2.2 安全管理的措施

安全管理措施是安全管理的方法与手段，管理的重点是对生产各因素状态的约束与控制，以消除一切事故，避免事故伤害，减少事故损失。

（1）落实安全生产责任制

安全生产责任制是企业经济责任制的重要组成部分，是安全管理制度的核心，必须建立和落实安全生产责任制，明确规定企业各级领导、管理干部、工程技术人员和工人在安全工作上的具体任务、责任和权力，把安全与生产在组织上统一起来，做到安全工作层层有分工，事事有人管，人人有专责，办事有标准，工作有检查、考核。一旦出现事故，可以查清责任，总结正反两方面的经验教训，更好地保证安全管理工作顺利进行。真正实现"全员、全过程、全方位、全天候"的动态管理，减少或避免事故的发生。

1）建立、完善以项目经理为首的安全生产领导组织，有领导、有组织地开展安全管理活动。项目经理承担组织、领导安全生产的责任。

2）建立各级人员安全生产责任制度，明确各级人员的安全责任，抓制度落实，抓责任落实。定期检查安全责任落实情况。

3）施工项目应通过监察部门的安全生产资质审查，并得到认可。一切从事生产管理与操作的人员，依照其从事的生产内容，分别通过企业，施工项目的安全审查，取得安全操作认可证，持证上岗。

　　4）施工项目负责施工生产中物的状态审验与认可，承担物的状态漏验、失控的管理责任。接受由此出现的经济损失。

　　5）一切管理、操作人员均需与施工项目签订安全协议，向施工项目做出安全保证。

　　6）安全生产责任落实情况的检查，应认真、详细地记录，作为分配、补偿的原始资料之一。

　　（2）加强安全教育和培训，严守安全纪律

　　通过安全教育，不断增强企业全体职工的安全意识，掌握安全生产的知识，有效地防止人的不安全行为，减少人的失误。安全教育是进行人的行为控制的重要方法和手段。因此，进行安全教育要适时、宜人、内容合理、方式多样，形成制度。组织安全教育要做到"严肃、严格、严密、严谨"，讲求实效，应抓好思想政治教育，劳动保护方针政策教育，安全技术知识教育，安全技能训练，典型经验和事故教训教育等内容。

　　（3）安全检查

　　安全检查是安全管理的重要内容，是识别和发现不安全因素。揭示和消除事故隐患，加强防护措施，预防工伤事故和职工危害的重要手段。

　　5.2.3　安全技术措施

　　安全技术是改善生产工艺、改进生产设备、控制生产因素不安全状态，预防与消除危险因素对人产生伤害的技术方法和措施，以及避免损失扩大的技术手段。

　　预防是消除事故的最佳途径。针对生产过程中预知或已出现的危险因素，采取的一切消除或控制的技术性措施，统称为安全技术措施。安全技术措施重点解决具体的生产活动中的危险因素的控制，预防与消除事故危害。发生事故后，安全技术措施应迅速将重点转移到防止事故扩大，尽量减少事故损失，避免引发其他事故方面。起到预防事故和减少损失两方面的作用。

　　（1）安全技术措施的优选顺序

　　在采取安全技术措施时，应遵循预防性措施优先选择，根治性措施优先选择，紧急性措施优先选择的原则，依次排列，以保证采取措施与落实的速度，即要分出轻、重、缓、急。优选顺序如下：

　　根除危险因素→限制或减少危险因素→隔离、屏蔽→故障→安全设计→减少故障或失误→校正行动

　　在采取安全技术措施时，时刻牢记生产技术与安全技术的统一性，体现管生产同时管安全的管理思想。

　　（2）主要工序安全技术要求

　　对于沥青路面工程，沥青操作人员均应进行体检。凡患有结膜炎、皮肤病及对沥青过敏反应者，不宜从事沥青作业。

　　从事沥青作业人员，皮肤外露部分均须涂抹防护药膏，工地上应配医务人员。

　　沥青操作工的工作服及防护用品，应集中存放，严禁穿戴回家和进入集体宿舍。

　　1）沥青加热及混合料拌制，宜设在人员较少，场地空旷地段，沥青混合拌合设备作业应遵守下列规定：

　　A. 作业前，热料提升斗、搅拌器及各种称斗内不得有存料；

B. 配有湿式除尘系统的拌合设备其除尘系统的水泵应完好,并保证喷水量稳定且不中断;

C. 卸料斗处于地下坑底时,应防止坑内积水淹没电器元件;

D. 拌合机启动、停机,必须按规定程序进行。点火失效时,应及时关闭喷燃器油门,待充分通风后再行点火。需要调整点火时,必须先切断高压电源;

E. 液化气点火时,必须有减压阀及压力表。燃烧器点燃后,必须关闭总阀门;

F. 连续式拌合设备的燃烧器熄火时应立即停止喷射沥青。当烘干拌合筒着火时,应立即关闭燃烧器鼓风机及排风机,停止供给沥青,再用含水量高的细骨料投入干拌合筒,并在外部卸料口用干粉或泡沫灭火器进行灭火;

G. 关机后应清除皮带上、各供料斗及除尘装置内外的残余积物,并清洗沥青管道。

2) 沥青混合料摊铺机摊铺作业,应遵守下列规定:

A. 驾驶台及作业现场要视野开阔,清除一切有碍工作的障碍物。作业时无关人员不得在驾驶台上逗留。驾驶员不得擅离岗位;

B. 运料车向摊铺机卸料时,应协调动作,同步行进,防止互撞;

C. 换挡必须在摊铺机完全停止时进行,严禁强行挂挡和在坡道上换挡或空挡滑行;

D. 熨平板预热时,应控制热量,防止因局部过热而变形。加热过程中,必须有专人看管;

E. 驾驶力求平稳,不得急剧转向。弯道作业时,熨平装置的端头与路缘石的间距不得小于10cm,以免发生碰撞;

F. 用柴油清洗摊铺机时,不得接近明火。

单元 4 水泥混凝土路面施工

课题 1 水泥混凝土路面基本构造

水泥混凝土路面俗称白色路面,通常是以水泥与水拌合成的水泥浆为结合料,以碎(砾)石、砂为集料,再添加适当的外加剂,有时掺加掺合料拌制成的混凝土铺筑面层的刚性路面。使用年限长达 20～40 年,在基层以下部分坚实不下沉前提下,通常不用养护,一次性投资大于沥青路面,由于具有强度高、刚度大、使用耐久及养护工作量小等优点,水泥混凝土路面常用于城市道路、机场跑道、大件车道、公路广泛使用。

由于水泥混凝土路面上横缝(胀缝及缩缝)及纵缝多的原因,故行车舒适性不如沥青路面,抗滑移性、吸收噪声性方面也不如沥青路面,由于混凝土养护原因,开放交通时间比沥青路面晚,路面反光性强于沥青路面。

目前水泥混凝土路面包括素混凝土、钢筋混凝土、连续配筋混凝土、预应力混凝土、装配式混凝土、钢钎维混凝土和预制混凝土板等七类,其中以现浇素混凝土路面使用最为广泛;此外,使混凝土密实的方法大部分采用机械或者人工振捣密实,还有用压路机碾压密实的(RCCP)碾压混凝土路面。

水泥混凝土路面大量采用素混凝土路面,而素混凝土抗弯拉强度大大低于抗压强度,因而基层以下部分如果发生沉陷则将引起混凝土路面沉陷、断裂,所以水泥混凝土路面施工之前从土基、垫层到基层的各工序必须要确保压实度,弯沉等技术指标检验合格,此外还必须做好排水设施,北方地区做好防冻层。

1.1 水泥混凝土路面结构

水泥混凝土路面由面层、基层、垫层、路肩和排水设施等组成。其结构如图 4-1 所示。当然,实际路面并不一定都具有这么多的结构层次,各结构层次的划分,也不是一成不变的。

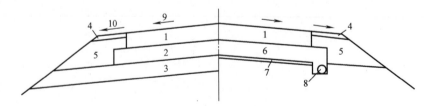

图 4-1 路面的组成
1—面层;2—基层;3—垫层;4—路肩;5—路肩基层;6—排水基层;
7—反滤层;8—集水管;9—路面横坡;10—路肩横坡

1.1.1 面层

水泥混凝土面层暴露在大气中，直接承受行车荷载的作用和环境因素的影响，应具有足够的弯拉强度、疲劳强度、抗压强度和耐久性。此外，为保证行车的安全、舒适和经济性，面层还应具有良好的抗滑、耐磨、平整等表面特性。

水泥混凝土面层通常采用普通素混凝土铺筑而成，并设接缝，这是目前应用最为广泛的面层类型。当面层板的尺寸较大或形状不规则，路面结构下埋有地下设施，高填方、软土地基、填挖交界段的路基有可能产生不均匀沉降时，可采用设置接缝的钢筋混凝土面层。行车舒适性和使用耐久性要求高的高速公路，可视需要选用连续配筋混凝土面层，及沥青上面层与连续配筋混凝土或横缝设传力杆的普通混凝土下面层组成的复合式面层。在标高受限制路段、收费站等处及桥面铺装和混凝土加铺层可选用钢纤维混凝土。碾压混凝土因其表面平整度差和接缝处难以设置传力杆，可用于一般二级及二级以下公路的面层。

1.1.2 基层

水泥混凝土面层具有较大的刚度和承载能力，因而其基层往往不起主要承载作用。但是基层应具有足够的抗冲刷能力和一定的刚度。不耐冲刷的基层，在渗入基层的水和荷载的共同作用下，会使混凝土路面产生唧泥、板底脱空和错台等病害，导致承载力降低和行车不舒适，并加速和加剧板的断裂。此外，提高基层的刚度，有利于改善接缝的传荷能力。然而，其作用只能在基层耐冲刷的前提下才得以保证，同时，其效果不如在接缝内设置传力杆。

目前可供选择的基层类型主要有：

（1）素混凝土和碾压混凝土；

（2）无机结合料（水泥、石灰—粉煤灰）、稳定粒料（碎石或砾石）和土；

（3）沥青稳定碎石；

（4）碎石、砾石。

上述4种基层的刚度依次减小，刚度大的基层，可以减小荷载作用下板边和板角处的挠度量，增强接缝的传荷能力和耐久性。然而，这会引起面层板产生较大的温度翘曲应力。此外，基层刚度较大且未设垫层时，上路床如果由细粒土、黏土质砂或级配不良的砂组成，则基层与路床之间的刚度差过大，会由此引起基层开裂，因此需要在基层下设置底基层。底基层可采用级配粒料、水泥稳定材料或石灰、粉煤灰稳定材料铺筑而成。

为了将通过面层接缝、裂缝或缝隙渗入路面结构内部的水分迅速排除，基层应具有一定的排水能力，这样有助于保证路面的使用性能，延长其使用寿命。因而，采用不含或含少量细集料的粒料，或结合料稳定开级配粒料作基层，其使用性能要优于密级配基层。

由于提高基层的强度或刚度，对于降低面层的应力或减薄面层的厚度作用很小，因而混凝土面层下的基层不必很厚，需要依据形成结构层、施工要求（摊铺碾压厚度）及排水要求等综合考虑确定。

1.1.3 垫层

垫层是为了解决地下水、冰冻、热融对路面基层以上结构层带来的损害而在特殊路段设置的路基结构层。明确垫层不属于路面基层，而属于路基补强结构层，其位置应在路床标高以下，厚度和标高均不占用基层或底基层的位置。

在季节性冰冻地区，为了防止或减轻路基不均匀冻胀对面层的不利影响，路面结构应达到要求的最小厚度,当混凝土面层和基层的厚度小于此最小厚度要求时,应在基层下设置垫层予以补足。此外,在水文地质不良的土质路堑或路基可能产生不均匀沉降或变形时,宜设置不同类型的垫层(防冻垫层、排水垫层、半刚性补强垫层)。

垫层可以选用粒料(砂砾)、结合料(水泥、石灰—粉煤灰)或稳定材料(粒料或土)。对于排水基层下的垫层,须采用符合反滤要求的密级配粒料。防冻垫层和排水垫层宜用砂、砂砾等颗粒材料。半刚性垫层可采用低剂量无机结合料稳定粒料和土,也可直接使用半刚性底基层材料。

垫层所需的厚度,应按路基的水稳定性、刚度及施工和使用期间交通的繁重程度确定;在季节性冰冻地区,则要考虑最小防冻厚度的要求。垫层的宽度应与路基同宽,其最小厚度为150mm。一般采用的厚度范围150~300mm。防冻垫层最厚,排水与补强垫层有150~250mm已足够。

1.1.4 水泥混凝土路面面板形式

理论分析表明,轮载作用于板中部时板所产生的最大的应力约为轮载作用于板边部时的2/3。面层板的横断面应采用中间薄两边厚的形式,以适应荷载应力的变化。一般边部厚度较中部厚大约25%,从路面最外两侧板的中部,在0.6~1.0m宽度范围内逐渐加厚。如图4-2所示。考虑施工方便及使用经验,目前国内外常采用等边后式断面,或在等中后式断面板的最外两侧板边部配置钢筋予以加固。

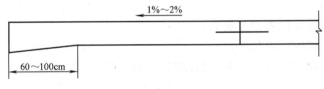

图4-2 厚边式断面

1.2 水泥混凝土路面的厚度

水泥混凝土路面的结构组合,主要应考虑交通等级、气候因素、路基条件和材料情况等因素。

1.2.1 路基

混凝土路面下的路基必须密实、均匀、稳定。影响路基强度和稳定的地面水和地下水,必须采取拦截或排出路基以外的措施。路基的不均匀变形会促使面层板受力不均匀而破坏。因此,限制路基不均匀变形的最经济而有效的方法是:对不同土质应遵循填筑规则;控制压实时的含水量接近或略高于最佳含水量,并保证压实度达到要求;加强路基排水,对于湿软路基应采用加固措施,水温状况不良路段应设置垫层。

1.2.2 垫层

垫层是介于基层和路基之间的层次,设在排水不良或有冻胀的土基上,应具有一定的强度和较好的水稳定性,在冰冻地区尚需较好的抗冻性。按其作用可分为排水层、隔离层、防冻层等。

垫层材料以就地取材为原则,可采用石灰土、水泥稳定土或颗料材料(砂、砂砾、炉渣等)。当采用石灰土时,应有防止路面渗水的隔离措施。在重冰冻潮湿路段,石灰土层下尚应设置隔离层（采用炉渣或砂砾材料），以防水分从下面进入石灰土中。

在季节性冰冻地区，当路面结构的总厚度小于表 4-1 规定的最小值时，其差值应设置垫层补足，垫层的最小厚度为 150mm。

混凝土路面防冻最小厚度 表 4-1

路基干湿类型	路基土质	设计年限内当地最大冻深(m)			
		0.50~1.00	1.01~1.50	1.51~2.00	>2.00
中湿路段	低、中、高液限黏土	0.30~0.50	0.40~0.60	0.50~0.70	0.65~0.95
	粉土、粉质低、中液限黏土	0.40~0.60	0.50~0.70	0.60~0.85	0.70~1.10
潮湿路段	低、中、高液限黏土	0.40~0.60	0.50~0.70	0.60~0.90	0.75~0.120
	粉土、粉质低、中液限黏土	0.45~0.70	0.55~0.80	0.70~1.00	0.80~1.30

注：1. 冻深小或填方路段、地基、垫层为隔温性能良好的材料，可采用低值；冻深大或挖方及地下水位高的路段，地基、垫层为隔温性能稍差的材料，应采用高值。

2. 冻深少于 0.50m 的地区，一般不考虑防冻厚度。

1.2.3 基层

基层是保证水泥混凝土路面整体强度、防止唧泥和错台、延长路面使用寿命等的重要层次。基层应具有足够的强度和稳定性，整体性好，透水性小，平整而坚实，厚度一致，断面正确，以避免出现板底脱空和错台现象。

基层材料最合适的是结合料稳定类的混合料。交通繁重路段应采用水泥稳定砂砾、水硬性工业废渣或沥青混合料等材料做基层；中级和轻交通路段，除上述类型外，也可采用石灰土、泥灰结碎石等基层。

为了保证水泥混凝土路面板的使用性能和寿命，并考虑我国的实际情况，基层顶面的当量回弹模量 E_t 值不得低于表 4-2 规定值。按此要求可计算确定基层或补强层的厚度。

水泥混凝土路面的交通等级及其技术要求 表 4-2

交通等级	标准轴载的轴数 N_s(次/日)	设计年限 t(年)	经验板厚 h(m)	混凝土计算弯拉强度 f_{cm}(MPa)	地基顶面当量回弹模量 E_t(MPa)
特重	>1500	30	≥0.25	5.0	120
重	200~1500	30	0.23~0.25	5.0	100
中等	5~200	20	0.21~0.23	4.5	80
轻	≤5	20	≤0.21	4.0	60

注：1. N_s 为按使用初期的日交通量换算成 BZZ-100 的轴次，对多车道是以设计车道的单向交通量为准；对双车道是以双向交通量为准。

2. f_{cm} 和 E_t 值均指最低要求值。

新建道路时，基层的最小厚度一般为 150mm，基层的宽度应比混凝土板每侧至少宽出 250~350mm。但透水性基层或膨胀土路基上的基层，其宽度应横贯整个路基。

在原有柔性路面上铺筑混凝土时，设置补强层的最小厚度随材料而异，符合表 4-3 的规定。

1.2.4 面层板

水泥混凝土面层板应具有较高的强度、表面平整且粗糙、耐磨的要求。板的横断面一般采用等厚式，其厚度应按行车产生的荷载应力不超过水泥混凝土在设计年限末期的疲劳

补强结构层最小厚度　　　　　　　　　　表 4-3

结 构 层 名 称	最小厚度(cm)
天然砂砾，级配砾碎石，泥结碎、砾石、水结、干压碎石	8.0
泥灰结碎、砾石、级配砾、碎石掺灰	8.0
灰土类(石灰土，碎、砾石灰土等)	10.0
工业废渣类(二渣、三渣、二渣土等)	10.0
水泥稳定土	10.0

强度并验算温度翘曲应力后确定。一般混凝土路面板的最小厚度应不小于碎石最大粒径的 4 倍并不小于 180mm，作为初步估算，可参考表 4-2 所列的经验厚度。

1.3　水泥混凝土路面板的平面尺寸

为了减少水泥混凝土的伸缩变形和翘曲变形受到约束而产生的应力，并满足施工的需要，常把直线段的混凝土路面划分成一定尺寸的矩形板，曲线段的混凝土路面也沿着中线相似划分为一定尺寸曲线形板块，并设置接缝。纵向和横向接缝应垂直相交，纵缝两侧的横缝不得互相错位。但接缝是路面结构的薄弱部位，又会影响行车平稳，而且易渗水，容易产生唧泥、错台等损坏现象。因此，接缝要合理布置，并有足够的传荷能力和防水措施。混凝土板长度应通过验算混凝土板的温度翘曲应力后确定，可采用 4.5～5.5m，最大应不超过 6m。横向接缝的间距按面层类型选定：

(1) 普通混凝土面层一般为 4～6m，面层板的长宽比不宜超过 1.30，平面尺寸不宜大于 25m²；

(2) 碾压混凝土或钢纤维混凝土面层一般为 6～10m；

(3) 钢筋混凝土面层一般为 6～15m。

混凝土板的纵缝必须与道路中线平行。纵缝间距按车道宽度选用，可采用 3.5、3.75m，最大为 4.0m。纵缝间距超过 4.0m 时，应在板中线上设纵向缩缝。碾压混凝土、钢纤维混凝土面层在全幅摊铺时，可不设纵向缩缝。

1.4　接缝的构造

混凝土面层由一定厚度的混凝土板组成，它具有热胀冷缩的性质。由于一年四季大气温度的变化，混凝土面层会随之产生不同程度的胀缩变形。在一昼夜中，由于日温差较大，温度变化周期较短，在面层厚度范围内呈现不均匀分布，造成面层上下底面的温度坡差（温降梯度），使其产生翘曲变形。当板顶的温度较底面低时，会使板的周边和角隅翘起，如图 4-3 (a) 所示；反之，当板顶的温度较底面高时，会造成板的中部隆起。此类胀缩和翘曲变形一旦受到约束，将在面层内产生温度应力。若此应力超出极限值，面层即

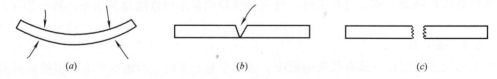

图 4-3　混凝土由于温度坡差引起的变形

产生裂缝或被挤碎，如图 4-3（b）所示；若板体的温度均匀下降引起收缩，将使板体被拉开，从而失去荷载传递作用，如图 4-3（c）所示。

为避免这些缺陷，混凝土路面在纵横两个方向建造许多接缝，将整个路面分割成为许多板块如图 4-4 所示。

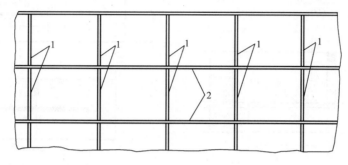

图 4-4 板的分块与接缝
1—横缝；2—纵缝

为了减小由于胀缩和翘曲变形所引起的应力，或者由于施工的需要，水泥混凝土面层需要设置缩缝、胀缝和施工缝等各种形式的接缝，这些接缝可以沿路面纵向或横向布设。其中缩缝保证面层因温度和湿度的降低而收缩，从而避免产生不规则裂缝。胀缝保证面层在温度升高时能自由膨胀，从而避免在热天产生拱胀和折断破坏，同时胀缝也能起到缩缝的作用。此外，混凝土路面每天完工以及因雨天或其他原因不能继续施工时，需做施工缝。施工缝应尽量做到胀缝处，在胀缝处其构造与胀缝相同，如有困难，也应做至缩缝处。横向施工缝在缩缝处采用平缝加传力杆型。

不同形式的接缝，对于减小或消除面层内的温度胀缩及翘曲应力具有不同的作用，各种接缝的设置条件和构造要求也各不相同。但是，在任何形式的接缝处，板体都不可能是连续的，其传递荷载的能力会有所降低，而且任何形式的接缝都不免要漏水。因此，对各种形式的接缝，都必须为其提供相应的传荷及防水构造。目前，接缝主要通过集料嵌锁作用、传力杆或拉杆及其他附设机械装置传递荷载。此外，为防止水分及其他杂物进入接缝内部，各类接缝的槽口需用不同类型的接缝板或填缝料予以填封。

1.4.1 横缝的构造

（1）胀缝的构造　缝隙宽约 18～25mm，对于交通繁忙的道路，为保证混凝土板之能有效地传递载荷，防止形成错台，可在胀缝处板厚中央设置传力杆。传力杆一般长 0.4～0.6m 直径 20～25mm 的光圆钢筋，每隔 0.3～0.5m 设一根。杆的半段固定在混凝土内，另半段涂以沥青，套上长约 80～100mm 的铁皮或塑料筒，筒底与杆端之间留出宽约 30～40mm 的空隙，并用木屑与弹性材料填充，以利板的自由伸缩（图 4-5a）。在同一条胀缝上的传力杆，设有套筒的活动端最好在缝的两边交错布置。

由于设置传力杆需要钢材，故有时不设传力杆，而在板下用 C10 混凝土或其他刚性较大的材料，铺成断面为矩形或梯形的垫枕（图 4-5b）。当用炉渣石灰土等半刚性材料作基层时。可将基层加厚形成垫枕（图 4-5c），结构简单，造价低廉。板与垫枕或基层之间铺一层或两层油毛毡或 20 厚沥青砂用于防止水经过胀缝渗入基层和土层。

（2）缩缝的构造　缩缝一般采用假缝形式（图 4-6a），即只在板的上部设缝隙，当板

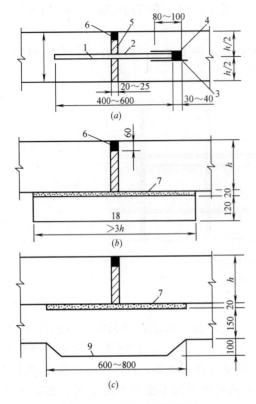
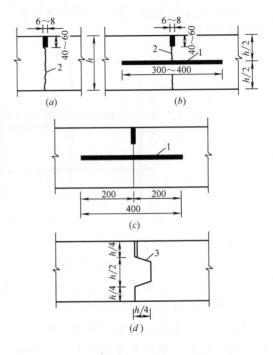

图 4-5 膨胀缝的构造形式
(a) 传力杆式；(b) 枕垫式；(c) 基层枕垫式
1—传力杆固定端；2—传力杆活动端；3—金属套筒；4—弹性材料；5—软木板；6—沥青填缝料；7—沥青砂；8—C8～C10 水泥混凝土预制枕垫；9—炉渣石灰土

图 4-6 收缩缝的工作缝的构造形式
(a) 无传力杆的假缝；(b) 有传力杆的假缝；(c) 有传力杆的工作缝；(d) 企口式工作缝
1—传力杆；2—自行断裂缝；3—涂沥青

收缩时将沿此最薄弱断面有规则地自行断裂。缝隙宽约5～10mm，深度约为板厚的1/4～1/3，一般为40～60mm。对于交通繁忙或地基水文条件不良路段，应在板厚中央设置传力杆。其长度约为0.3～0.4m，直径14～16mm，间距0.3～0.75m（图4-6b）。

（3）施工缝的构造　施工缝采用平头缝或企口缝的构造形式。平头缝上部应设置深为板厚的1/4～1/3或40～60mm，宽为8～12mm的沟槽，能浇灌填缝料。为利于板间传递荷载，在板厚的中央也应设置传力杆，其长度约为0.4m，直径20mm，半段锚固在混凝土中，另半段涂沥青或润滑油，又称滑动传力杆。如不设传力杆，则需要专门的拉毛模板，把混凝土接头处做成凹凸不平的表面，以利传递荷载。另一种形式是企口缝（图4-6d）。

1.4.2 纵缝的构造

纵缝是指平行于混凝土行车方向的那些接缝，纵缝一般按3～4.5m设置，对行车和施工较方便。当双车道路面按全幅宽度施工时，纵缝可做成假缝形式。在板厚中央设置拉杆，拉杆直径可小于传力杆，间距为1.0m左右，锚固在混凝土内，以保证两侧板不致被拉开而失掉缝下部的颗粒嵌锁作用（图4-7a）。按一个车道施工时，在半幅板做成后，对

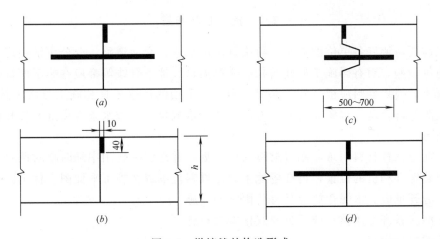

图 4-7 纵缩缝的构造形式
（a）假缝带拉杆；（b）平头缝；（c）企口缝加拉杆；（d）平头缝加拉杆

板侧壁涂以沥青，并在其上部安装厚约 10mm，高约 40mm 的压缝板，随即浇筑另半幅混凝土，待硬结后拔出压缝板，浇灌填缝料，做成平头纵缝（图 4-7b）。考虑利于板间荷载传递，也可采用企口纵缝（图 4-7c）缝壁应涂沥青，缝的上部应留有宽 6～8mm 的缝隙，内浇灌填缝料。有时在平头式及企口式纵缝上设置拉杆（图 4-7c、d），拉杆长 0.5～0.7m，直径 18～120mm，每隔 1.0～1.55m 设一根，可防止板沿两侧拱横坡爬动拉开和形成错台及防止横缝搓开。

课题 2 水泥混凝土路面施工准备工作

2.1 施工组织

施工组织，是根据工程规模、施工期限和施工环境等因素，在统一的领导机构下，分别设置现场施工计划统计、测量放样、现场试验、质量检查、安全管理、后勤供应等小组，进行分工合作，抓好各项工作。

施工单位应根据设计图纸、合同文件、摊铺方式、机械设备、施工条件等确定混凝土路面施工工艺流程、施工方案，进行详细的施工组织设计，使劳动力合理调配，充分发挥机械效率。根据施工条件可采用分段或流水作业方式，要求各道工序衔接紧密，各生产班组，按施工计划来安排作业。

开工前，施工单位应对施工、试验、机械、管理等岗位的技术人员和各工种技术工作进行培训。未经培训的人员不得单独上岗操作。施工工地应建立具备相应资质的现场实验室，能够对原材料、配合比和路面质量进行检测和控制，提供符合检验、竣工验收和计量支付要求的自检结果。

施工时应确保送混凝土的道路基本平整、畅通，不得延误运输时间或碾坏基层或桥面。施工中的交通运输应配备专人进行管制，保证施工有序、安全进行。各种桥涵、通道等构造物应提前建成，确有困难不能通行时，应有施工便道。摊铺现场和搅拌场之间应建立快速有效的通讯联络，及时进行生产调度和指挥。

2.2 施工现场布置

施工前要协调好各单位的关系，解决好水电供应、交通道路、办公生活用房、工棚仓库和消防等设施。对有碍施工的建筑物、灌溉渠道、地下管线等都应在施工前拆迁完毕。

混凝土的搅拌堆料应根据施工路线长短，所采用的运输工具和施工方法来选择场地，选择在运距经济合理、水源充足而且方便，便于堆放材料、排水条件良好和拌和机械搬运方便的地方。

施工前应估算材料用量，制订材料供应计划，并在实际耗用中随时核对调整。在堆料前，应先确定拌和机的位置，再在场地上划出堆料范围或在施工平面图上标出。不同规格的材料应分开堆放。水泥存放应具有防雨防潮设施。

施工前应备齐专用及一般工具及其他安全设施。

考虑搅拌场设置：

（1）搅拌场宜调协在推铺路段的中间位置。搅拌场内部布置应满足原材料储运、混凝土运输、供水、供电、钢筋加工等使用要求，并尽量紧凑、减少占地。

（2）搅拌场应保障搅拌、清洗、养生用水的供应，并保证水质。供水量不足时，搅拌场应设置与日搅拌量相适应的蓄水池。

（3）搅拌场应保证充足的电力供应。电力总容量应满足全部施工用电设备、夜间施工照明及生活用电的需要。

（4）应确保摊铺机械、运输车辆及发电机等动力设备的燃料供应。离加油站较远的工地宜调协油料储备库。

2.3 混凝土材料准备

在施工准备阶段，应依据混凝土路面设计要求、工程规模，对当地及周边的水泥、钢材、粉煤灰、外加剂、砂石料、水资源、电力、运输等状况进行实地调研，确认符合铺筑混凝土路面的原材料质量、品种、规格、原材料的供应量、供应强度和供给方式、运距等。通过调研优选，初步选择原材料供应商。开工前，工地实验室对计划使用的原材料进行质量检验和混凝土配合比优选，监理应对原材料抽检和配合比试验验证，报请业主正式审批。配料可以选择不同用水量、不同水灰比、不同砂率或不同集料级配等，每种配合比至少做抗压、抗折试验各三组，每组三块，分别进行7、14天和28天龄期试压。比较其所得强度资料，从中选出经济合理方案。

应根据路面施工进度安排，保证及时地供给符合原材料技术指标规定的各种原材料，不合格原材料不得进场。所有原材料进出场应进行称量、登记、保管或签发。应将相同料源、规格、品种的原材料作为一批，分批量检验和储存。原材料的检验项目和批量应符合表4-4的规定。水泥、集料、外掺剂等材料的质量要符合标准，并根据检查结果调整配合比和施工工艺。施工现场砂和石子的含水量经常变化，必须逐班测定，并调整其实际用量。

2.4 测量放样

施工单位应根据设计文件复测平面和高度控制桩，定出路面中心，路面宽度和纵横高

混凝土原材料的检测项目和频率　　　　　表 4-4

材料	检查项目	检查频度 高速公路、一级公路	检查频度 其他公路
水泥	抗折强度、抗压强度、安定性	机铺 1500t 一批	机铺 1500t，小型机具 500t 一批
水泥	凝结时间，标稠需水量，细度	机铺 2000t 一批	机铺 3000t，小型机具 500t 一批
水泥	f-CaO、MgO、SO_3 含量、铝酸三钙、铁铝酸四钙、干缩率、耐磨性、碱度、混合材料冲类及数量	每标段不少于 3 次，进场前必测	每标段不少于 3 次，进场前必测
水泥	湿度、水化热	冬、夏季施工随时检测	冬、夏季施工随时检测
粉煤灰	活性指数、细度、烧失量	机铺 1500t 一批	机铺 1500t，小型机具 500t 一批
粉煤灰	需水量比、SO_3 含量	每标段不少于 3 次，进场前必测	每标段不少于 3 次，进场前必测
粗集料	针片状、超径颗粒含量，级配，表观密度，堆积密度，空隙率	机铺 2500m³ 一批	机铺 5000m³，小型机具 1500m³ 一批
粗集料	含泥量、泥块含量	机铺 1000m³ 一批	机铺 2000m³，小型机具 1000m³ 一批
粗集料	坚固性、岩石抗压强度、压碎指标	每种粗集料每标段不少于 2 次	每种粗集料每标段不少于 2 次
粗集料	碱集料反应	怀疑有碱活性集料进场前测	怀疑有碱活性集料进场前测
粗集料	含水量	降雨或湿度变化随机测	降雨或湿度变化随机测
砂	细度模数，表观密度，堆积密度，空隙率，级配	机铺 2000m³ 一批	机铺 4000m³，小型机具 1500m³ 一批
砂	含泥量、泥块、石粉含量	机铺 1000m³ 一批	机铺 2000m³，小型机具 500m³ 一批
砂	坚固性	每种砂每标段不少于 3 次	每种砂每标段不少于 3 次
砂	云母含量轻物质与有机物含量	目测有云母或杂质时测	目测，有云母或杂质时测
砂	含盐量（硫酸盐、氯盐）	必要时测，淡化海砂每标段 3 次	必要时测，淡化海砂每标段 2 次
砂	含水量	降雨或湿度变化随时测	降雨或湿度变化随时测
外加剂	减水剂减水率，液体外加剂含固量和相对密度，粉状外加剂的不溶物含量	机铺 5t 一批	机铺 5t 小型机具 3t 一批
外加剂	引气剂引气量、气泡细密程度和稳定性	机铺 2t 一批	机铺 3t 小型机具 1t 一批
钢纤维	抗拉强度、弯折性能、长度、长径比、形状	开工前或有变化时，每标段 3 次	开工前或有变化时，每标段 3 次
钢纤维	杂质、质量及其偏差	机铺 50t 一批	机铺 50t，小型机具 30t 一批
养生剂	有效保水率、抗压强度比、耐磨性、耐热性、膜水溶性	开工前或有变化时，每标段 3 次	开工前或有变化时，每标段 3 次
养生剂	含固量、成膜时间	试验路段测，施工每 5t 测 1 次	试验路段测，施工每 5t 测 1 次
水	pH 值、含盐量、硫酸根及杂质含量	开工前和水源有变化时	开工前和水源有变化时

注：1. 开工前，所有原料项目均应检验；当原材料规格、品种、生产厂、来源变化时，必检。
　　2. 机铺是指滑模、轨道、三辊轴机组和碾压混凝土摊铺，数量不足一批时，按一批检验。

程等样桩。除在道路中线上每20m设一中线桩外，还应设置各胀缩缝、曲线起讫点和纵坡转折点等中心桩，并相应在路边各设一对边桩。主要控制桩应设在路旁稳定的位置，其精度应符合有关规定。临时水准点每隔100m左右设置一个，不宜过长，可引测到两旁固定建筑物或临时水准桩上，以便施工时就近对路面进行标高复核。

根据放好的中心线及边线放出接缝线，要求接缝线与检查井点的边缘至少有1m的距离。在弯道上必须保持横向分块线与路中心线垂直。在开始做路面时，上基层已经完成一部分，路外形已经初露端倪，主要是复测和恢复性测量。对测量放样必须经常进行复核，包括在浇捣混凝土过程中，要做到勤测、勤复核、勤纠偏。

2.5 土基与基层的检查与整修

基层的平整度不好，将直接影响到混凝土板的厚度，致使强度不一致，收缩应力不均匀，同时还将影响板的自由伸缩，导致混凝土板出现裂缝。因而，对基层的宽度、路拱与标高、表面平整度和压实度应进行检查，对不符合要求的必须进行调整，直至合格。

面板铺筑前，基层表面应洒水湿润，以免混凝土底部的水被干燥的基层吸去，变得疏松以致产生细裂缝。并对基层进行全面的破损检查，当基层产生纵、横向断裂、隆起或碾坏时，应采取下述有效措施进行彻底修复：

（1）所有挤碎、隆起、空鼓的基层应清除，并使用相同的基层料重铺，同时设胀缝板横向隔开，胀缝板应与路面胀缝或缩缝上下对齐。

（2）当基层产生非扩展性温缩、干缩裂缝时，应灌沥青密封防水，还应在裂缝上粘贴油毡、土工布或土工织物，其覆盖密度不应小于1000mm；距裂缝最窄处不得小于300mm。

（3）当基层产生纵向扩展裂缝时，应分析原因，采取有效的路基稳固措施根治裂缝，且宜在纵向裂缝所在的整个面板内，距板底1/3高度增设补强钢筋网，补强钢筋网到裂缝端部不宜短于5m。

（4）基层被碾坏成坑或破损面积较小的部位，应挖除并采用素混凝土局部修复。对表面严重磨损裸露粗集料的部位，宜采用沥青封层处理。

这种作法既可保证混凝土板的质量，又可提高基层的防水能力，还有助于混凝土板的自由伸缩，效果很理想。

2.6 其他准备工作

施工前还必须对机械设备、测量仪器、基准线或模板、机具工具及各种试验仪器等进行全面地检查、调试、校核、标定、维修和保养。主要施工机械的易损零部件应有适量储备。

2.6.1 水泥、粉煤灰储存和供应要求

（1）每台搅拌楼应至少配备2个水泥罐仓，如掺粉煤灰还应至少配备1个粉煤灰罐仓。当水泥的日用量很大，需要两家以上的水泥厂供应水泥时，不同厂家的水泥，应清仓再灌，并分罐存放。严禁粉煤灰与水泥混罐。

（2）应确保施工期间的水泥和粉煤灰供应。供应不足或运距较远时，应储备和使用吨包装水泥或袋装粉煤灰，并准备水泥仓库、拆包及输送入灌设备。水泥仓库应覆盖或设置顶篷防雨，并应设置在地势较高处，严禁水泥、粉煤灰受潮或浸水。

2.6.2 砂石料储备

（1）施工前，宜储备正常施工20～25d的砂石料。

（2）砂石料场应建在排水通畅的位置，其底部应作硬化处理。不同规格的砂石料之间应有隔离设施，并设标识牌，严禁混杂。

（3）在低温天、雨天、大风天及日照强烈的条件下，应在砂石料堆上的部架设顶篷或覆盖，覆盖砂石料数量不宜少于正常施工一周的用量。

2.6.3 工具准备

除备齐一般工具外，对专用特制工具也要备齐，如模板、振动棒、平板振动器、木抹板、粉面整平用的铁抹板，以及磅秤、捣钎、喷水壶、拉毛路面用的压纹滚杠或钢丝弯曲耙以及其他安全设施等。

课题3 施工程序、施工工艺和施工方法

3.1 工艺流程

水泥混凝土路面施工工艺流程见图4-8。

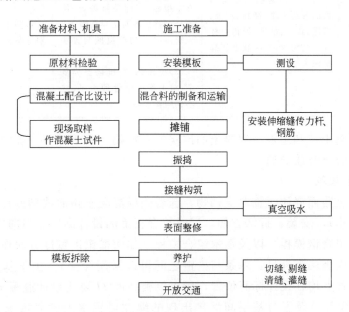

图4-8 水泥混凝土路面施工工艺流程

3.2 水泥混凝土路面施工方法

水泥混凝土施工目前分为人工加小型机具施工的常规施工方法以及机械化施工方法两大类。根据目前大部分施工单位技术水平、技术力量、机械装备以及经济性而言，目前大都采用的常规施工方法见表4-5。

目前水泥混凝土路面常规施工方法的施工程序为：基层找平验收→安装模板→安装传

水泥混凝土路面施工方法及其特点　　　　　表 4-5

施工方式		施工方法	特　点	适用场合
人工加小型机具		人工摊铺，其他工序辅助配备一些小型机具，如插入式振捣器，平板振捣器，桥式振捣器，真空吸水设备，切缝机等	优点：(1) 设备投资较小，操作、使用较简单 (2) 方便灵活、在狭小部位或异形部均可施工 缺点：(1) 工程质量不稳定，平整度较差 (2) 施工进度慢	中、小型工程或一般道路
机械化施工	固定模板式施工	用轨道式摊铺机摊铺和振实，辅以其他配套机械，各工序由一种或几种机械按相应的工艺要求进行操作	优点：(1) 工程进度快 (2) 容易满足路面各项技术要求，并且质量稳定 缺点：(1) 初期机械购置费较高 (2) 机械操作有一定的难度，对工程单位管理水平、技术素质要求高	大型工程或等级较高的道路
	滑动模板式施工	滑模式摊铺机将铺筑路面的各道工序：铺料、振捣、挤压、找平、拉毛、设传力杆等一气呵成，采用软土切缝机跟进切缝	优点：(1) 不需设置模块、工程进度更快 (2) 能很好地满足路面各项技术指标，工程质量稳定，特别是可避免混凝土早期裂缝 缺点：(1) 初期机械购置费很高 (2) 机械调试、维修更为复杂，对工程单位管理水平、技术素质要求高	大型工程或高等级道路，特别是高速公路

力杆及拉杆→混凝土拌和运输→混凝土面层浇筑→振捣→收水抹面→养护混凝土路面→脱模板→切缝及灌缝→开放交通。

3.2.1　安装模板

模板是混凝土路面浇注时临时支档物，起着确保混凝土路面成型的作用，因而要求有足够刚度（挠度小），安装、拆卸方便，同时符合正确的设计高度。目前工地上常用木模、钢模（如槽钢、组合钢模板）以及钢木组合模板（如两槽钢以宽度方向作为竖立高度不够时，以木条作为模板调整补足，木条与槽钢之间可以采用栓接）。由于基层面积太大，很难确保基层顶面各点均在设计标高位置，所以模板高度 H 要比设计混凝土路面厚度 h_0 小 20mm 左右，这样若模板底与基层间局部出现的缝隙可用水泥砂浆填塞，以防漏浆（图 4-9）。

采用木模时，应选用质地坚实，变形小，无腐朽、扭曲、裂纹的木料。模板厚度宜为 50mm，其高度应与混凝土板厚度相同。模板内侧面、顶面要刨光，拼缝紧密牢固，边角平整无缺。弯道上的模板宜薄些，可采用 15～20mm 厚，以便弯成弧形。为保证工程质量和多次重复使用，应尽量采用钢模板。钢模可采用 3mm 钢板及 40～50mm 角钢组合焊制，或用 4～5mm 的钢板冲压制成。目前多数都用型钢（槽钢）制成，高度与面层板厚相同。

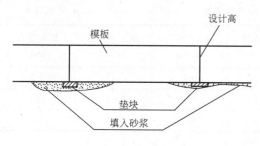
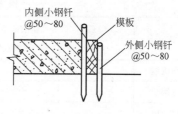

图 4-9 模板下空隙的处理　　　　　图 4-10 模板固定示意图

支模前在基层上应进行模板安装及摊铺位置的测量放样，每 20m 应设中心桩；每 100m 宜布设临时水准点；核对路面标高、面板分块、胀缝和构造物位置。测量放样的质量要求和允许偏差应符合相应规范的规定。纵横曲线路段应采用短模板，每块模板中点应安装在曲线切点上。

轨道摊铺应采用长度为 3m 的专用钢制轨模，轨模底面宽度宜为高度的 80%，轨道用螺栓、垫片固定在模板支座上，模板应使用钢钎与基层固定。轨道顶面应高于模板 20~40mm，轨道中心至模板内侧边缘距离宜为 125mm，如图 4-11 所示。

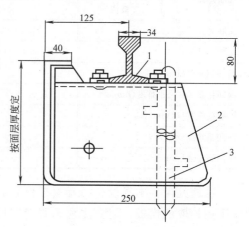

图 4-11 轨道模板（尺寸单位：mm）
1—轨道；2—模板；3—钢钎

模板顶面应与设计高一致（用水准仪校准），不符合时予以调整。模板应安装稳固、顺直、平整，无扭曲，相邻模板连接应紧密平顺，不得有底部泥浆、前后错茬、高低错台等现象。模板的平面位置和高程控制都很重要，稍有歪斜和不平都会反映到面层，使边线不齐，厚度不准和表面出现波浪不平现象。施工时必须经常校验，严格控制。固定模板于基层上，方法常用小钢钎加木楔子法，该法使用简便，材料均可回收再用。小钢钎可用 $\phi12\sim\phi16$ 直径的 I 级光圆钢筋打制而成用于固定模板内外两端，小钢钎与模板缝隙用木楔调准平面线型位置，小钢钎间距一般 500~800mm 弯道段要小些，内侧钢钎在混凝土浇到位时取出，外侧钢钎在脱模时取出（图 4-10）。靠路缘石的边模要内移 50~100mm 立模板待以后安路缘石（又称为路缘石、道牙、牙石和侧石）后补足该 50~100mm 混凝土灌缝以确保路缘石边线整齐直顺。无论用什么方法，以安装牢固为原则。模板应能承受摊铺、振实、整平设备的负载行进、冲击和振动时不发生位移。严禁在基层上挖槽，嵌入安装模板。

模板本身的精确度应符合表 4-6 的规定。不满足表 4-6 规定的精确度的模板不得在施工中采用，否则，将影响路面平整度与外观质量。

模板安装完毕，应经过测量人员使用与设计板厚相同的测板作全新全断面检验，其安装精确度应符合表 4-7 的规定。模板安装检验合格后，与混凝土拌合物接触的表面应涂脱模剂或隔离剂；接头应粘贴胶带或塑料薄膜等密封。

模板（加工矫正）允许偏差 表 4-6

施工方式	高度偏差（mm）	局部变形（mm）	垂直边夹角（°）	顶面平整度（mm）	侧面平整度（mm）	纵向变形（mm）
三辊轴机组	±1	±2	90±2	±1	±2	±2
轨道摊铺机	±1	±2	90±1	±1	±2	±1
小型机具	±2	±3	90±3	±2	±3	±3

模板安装精确度要求 表 4-7

检测项目		施工方式 三辊轴机组	轨道摊铺机	小型机具
平面偏位(mm)，≤		10	5	15
摊铺宽度偏差(mm)，≤		10	5	15
面板厚度(mm)	代表值	−3	−3	−4
	极值	−8	−8	−9
纵断高程偏差(mm)		±5	±5	±10
横坡偏差(%)		±0.10	±0.10	±0.20
相邻板高差(mm)，≤		1	1	2
顶面接茬 3m 尺平整度(mm)，≤		1.5	1	2
模板接缝宽度(mm)，≤		3	2	3
侧向垂直度(mm)，≤		3	2	4
纵向顺直度(mm)，≤		3	2	4

胀缝处由于本身设有沥青模板作胀缝，所以可以不再重设混凝土路面模板而直接用其作不用抽取的模板，但要注意不要遗忘传力杆的预留，即要在沥青模板上预钻孔洞供传力杆穿过。

纵缝处模板安装时要预埋拉杆筋，因此给模板脱模带来阻力。所以在纵缝模板上钻用于穿越拉杆筋孔洞时其直径可比拉杆直径大 1~2cm 左右，拉杆与纵缝模板孔洞之间缝隙可用水泥袋纸堵塞，后再用胶带纸将模板内侧处孔洞周围封闭，以方便以后脱模。

总之，混凝土模板及安装方式多种多样，不拘一格，但始终要确保①模板刚度；②模板固定稳固；③模板顶面高程准确；④模板可反复回收使用；⑤脱模方便；⑥模板材料经济实用。

3.2.2 伸缩缝嵌缝板及压缝板

胀缝处嵌缝板的设置比较简单，可将木制嵌缝板设在胀缝位置，即可摊铺混凝土。嵌缝条长度等于路面宽度，厚度等于胀缝宽度，高度等于路面厚度。为便于事后拔出嵌缝条，亦可在嵌缝条两侧各贴上一层油毛毡，待混凝土凝固后，拔出木嵌缝板，油毛毡留在缝内，然后填缝。为减少填缝工作，也可采用预制嵌缝板的方法。即将沥青玛琋脂与软木屑混合起来，压制成板，胀缝处先用与路拱一致的模板支撑着，捣实混凝土后，取去模板，贴上预制嵌缝板，然后摊铺另一侧混凝土，这样就不需再做填缝工作。

当胀缝需设传力杆时，可采用整体式嵌缝板。它用软木做成，中下部预留穿放传力杆的圆孔，混凝土浇成后留在缝内，不再拔出。也有用两截式嵌缝板的。其下截占总高的3/2或为总高减60mm，下截用软木制成，在混凝土浇捣后不再取出。上截嵌缝板也叫压缝板，其高为总高的1/3或为60mm，用钢材或木材制成，在混凝土浇捣后取出，然后填缝。

缩缝的做法较多。横向缩缝应尽量用切缝机，在使用切缝机切缝有困难的情况下，也可使用预先安装压缝板的方法。但为了便于混凝土连续振捣也可使用如下方法：在混凝土振捣完后，先用湿切缝工具在缩缝处切出一条缝，然后将10mm宽、60mm高的压缝板放入。当路面混凝土收浆抹面以后，可用木条将两边混凝土压住，再轻轻取出压缝板，两边再用铁抹板抹平。其他压缝板也可这样做。

木质伸缩缝嵌缝板在使用时应先浸水泡透。不论木质或铁质嵌缝板在使用时，均需涂上润滑剂，然后安放正确，待混凝土振捣后应先提一下，然后在混凝土终凝前取出。注意在取出时两侧用木条压住，轻轻地往上提，取出后混凝土要抹光。

嵌缝板压缝板具体工作位置如图4-15所示。

如因雨天或其他原因，当天不能做到伸缝处时，也应赶至横向缩缝处。此时缩缝应做成如纵缝所用的平头缝式样，其上部应作40mm深、8mm宽的缝隙，其中填以填缝料。这种缝称为工作缝，因它是透底的平头接缝。为增强板间的传力作用，可使用专门拉毛的模板，使混凝土接头处有凸凹不平的表面；或每隔300mm在板中部设一长400mm、直径20mm的光面钢筋，一端浇固在混凝土板中，另一端表面涂以沥青或黄油，以便能自由伸缩。

3.3 钢筋安装

根据设计要求，混凝土板中需加设钢筋处，应配合摊铺工作一起进行，所采用的钢筋直径、间距，钢筋网的设置位置、尺寸、层数等应符合设计图纸的要求。

3.3.1 钢筋混凝土板的钢筋网片

（1）不得踩踏钢筋网片。

（2）安放单层钢筋网片时，应在底部先摊铺一层混凝土拌合物，摊铺高度应按钢筋网片设计位置预加一定的沉落度。待钢筋网片安放就位后，再继续浇筑混凝土。

（3）安放双层钢筋网片时，对厚度不大于250mm的板，上下两层钢筋网片可事先用架立筋扎成骨架后一次安放就位。厚度大于250mm，上下两层钢筋网片应分两次安放。

3.3.2 边缘钢筋安放

安放边缘钢筋时，应先沿边缘铺筑一条混凝土拌合物，拍实至钢筋设置高度，然后安放边缘钢筋，在两端弯起处，用混凝土拌合物压住。边缘钢筋布置如图4-12（a）所示。

3.3.3 角隅钢筋安放

安放角隅钢筋时，应先在安放钢筋的角隅处摊铺一层混凝土拌合物，摊铺高度应比钢筋设计位置预加一定的沉落度。角隅钢筋就位后，用混凝土拌合物压住。角隅钢筋布置如图4-12（b）、（c）所示。

3.3.4 传力杆及拉杆安装

传力杆钢筋加工应锯断，不得挤压切断，断口应垂直、光圆，并用砂轮打磨掉毛刺。胀缝处传力杆常用$\phi 25$直径，长500mm光圆钢筋制作而成，为防止混凝土粘接，应在传

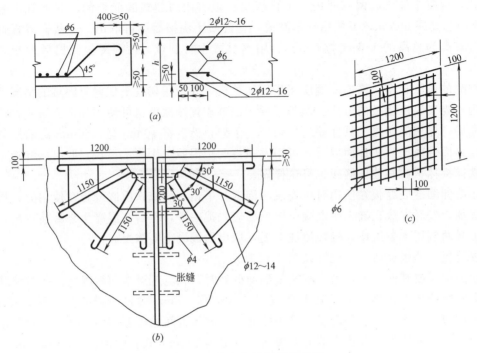

图 4-12 边缘和角隅钢筋的布置
(a) 边缘钢筋；(b)、(c) 角隅钢筋

力杆表面涂热沥青，方法一是可采用刷子涂刷；方法二是可以将传力杆需涂沥青部分置入熬热的沥青中再予以取出。无论采用哪种办法都要切实注意质量保证及安全卫生防护。

传力杆的固定，可采用顶头木模固定或支架固定安装的方法，并应符合下列规定：

顶头木模固定传力杆安装方法，宜用于混凝土板不连续浇筑时设置的胀缝。传力杆长度的一半应穿过端头挡板，固定于外测定位模板中。混凝土拌合物浇筑前应检查传力杆位置；浇筑时，应先铺筑下层混凝土拌合物用插入式振捣器振实，并应在校正传力杆位置后，再浇筑上层混凝土拌合物。浇筑邻板时应拆除顶头木模，并应设置胀缝板、木制嵌条和传力杆套管（图 4-13）。

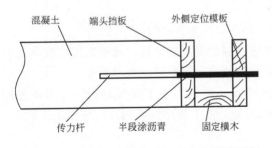

图 4-13 胀缝传力杆的架设（顶头木模固定法）

钢筋支架固定传力杆安装方法；宜用于混凝土板连续浇筑时设置的胀缝。传力杆长度的一半应穿过胀缝板和端头挡板，并应用钢筋支架固定就位。浇筑对应先检查传力杆位置，再在胀缝两侧铺筑混凝土拌合物至板面，振捣密实后，抽出端头挡板，空隙部分填补混凝土拌合物，并用插入式振捣器振实。固定后的传力杆必须平行于板面及路面中心线，其误差不得大于 5mm。

纵缝处拉杆常用 φ14 直径，长 500mm 左右的螺纹钢筋，拉杆中部 100mm 范围应涂防锈剂或防锈涂料。

拉杆及传力杆分别是横向胀缝（一般 20mm 宽）及纵缝处的传荷钢筋。混凝土路面设横向接缝(即胀缝和缩缝)和纵向接缝(即纵缝)的目的是设置这三种缝后减小混凝土路面由于混凝土热胀冷缩特点而导致的伸缩变形和翘曲变形在周边受到约束情况下而产生的应力,满足受力和施工的需要。由于这三种缝的存在,直线段的混凝土路面被划分成一定尺寸矩形板(纵缝间距常用3.5~4m,缩缝间距常用4~5m,胀缝间距常用80~120m),曲线段的混凝土路面也沿着中线相似划分为一定尺寸曲线形板块。

拉杆及传力杆的安装在安装混凝土路面模板时进行,无论采用何种安装方法都必须保证"两杆"位置准确,浇注混凝土路面时不跑位。

3.3.5 钢筋混凝土路面钢筋安装

(1) 钢筋网安装应符合下列要求:

1) 钢筋网应采用预先架设安装方式。单层钢筋网的安装,在确保精度的条件下,可采用两次摊铺,中间摆设钢筋网的安装方式。

2) 单层钢筋网的安装高度应在面板下(1/3~1/2)入处,外侧钢筋中心至接缝或自由边的距离不宜小于100mm,并应配置4~6个/m^2焊接支架或三角形架立钢筋支座,保证在拌合物堆压下钢筋网基本不下陷、不移位。单层钢筋网不得使用砂浆或混凝土垫块架立。

3) 钢筋网的主受力钢筋应设置在弯拉应力最大的位置。单层钢筋网纵筋应安装在底部,双层钢筋网纵筋应分别安装在上层顶部、下层底部。双层钢筋网上、下层之间不应少于4~6个/m^2焊接支架或环形绑扎箍筋。双层钢筋网底部可采用焊接架立钢筋或用30mm厚的混凝土垫块支撑,数量不少于4~6个/m^2。

4) 双层钢筋网底部到基层表面应有不小于30mm的保护层,顶部离面板表面应有不小于50mm的耐磨保护层。

5) 横向连接摊铺的钢筋混凝土路面之间的拉杆数量应比普通混凝土路面加密1倍。双车道整体摊铺的路面板钢筋网应整体连续,可不设纵缝。

(2) 边缘补强和角隅钢筋的安装

1) 边缘补强钢筋

在平面交叉口和未设置钢筋网的基础薄弱路段,混凝土面板纵向边缘应安装边缘补强钢筋;横缝为未设传力杆的平缝时应安装横向边缘补强钢筋。

预先按设计图纸加工焊接好边缘补强钢筋支架,在距纵缝和自由边100~150mm处的基层上钻孔,钉入支架锚固钢筋,然后将边缘补强钢筋支架与锚固钢筋焊接,两端弯起处应各有2根锚固钢筋交错与支架相焊接,其他部位每延米不少于1根焊接锚固钢筋。边缘补强钢筋的安装位置在距底面1/4厚度处,且不小于30mm,间距为100mm。

2) 角隅补强钢筋

发针状角隅钢筋应由两根直径为12~16mm的螺纹钢筋按$a/3$的夹角焊接制成(a为补强锐角角度),其底部应焊接5根支撑腿,安装位置距板顶不小于50mm,距板边100mm。

角隅钢筋在混凝土路面上应补强锐角,但在桥面及搭板上应补强钝角。双层钢筋混凝土路面、桥面及搭板需进行角隅补强时,可等强互换成与钢筋网等直径的钢筋数量,按需补强。

(3) 钢筋网及钢筋骨架的质量检验

1) 路面钢筋网及钢筋骨架的焊接和绑扎的精确度应符合表4-8规定。

路面钢筋网焊接及绑扎的允许偏差　　　　　　　　　　　　表4-8

项　目		焊接钢筋网及骨架允许偏差（mm）	绑扎钢筋网及骨架允许偏差（mm）
钢筋网的长度与宽度		±10	±10
钢筋网眼尺寸		±10	±20
钢筋骨架宽度及高度		±5	±5
钢筋骨架的长度		±10	±10
箍筋间距		±10	±20
受力钢筋	间距	±10	±10
	排距	±5	±5

2) 搭接焊和帮条焊时钢筋的搭接长度：双面焊不小于$5d$（d为钢筋直径）；单面焊不小于$10d$，钢筋绑扎搭接长度不应小于$35d$。同一垂直断面上不得有2个焊接或绑扎接头，相邻钢筋的焊接或绑扎接头应分别错开500mm和900mm以上。连续钢筋网每隔30m宜采用绑扎方式安装。

3) 摊铺前应检验绑扎或焊接安装好的钢筋网和钢筋骨架，不得有贴地、变形、移位、松脱和开焊现象。路面钢筋网及钢筋骨架安装位置的允许偏差应符合表4-9的规定。

路面钢筋网及钢筋骨架安装位置的允许偏差　　　　　　　　表4-9

项　目		允许偏差(mm)
受力钢筋排距		±5
钢筋弯起点位置		20
箍筋、横向钢筋间距	绑扎钢筋网及钢筋骨架	±20
	焊接钢筋网及钢筋骨架	±10
钢筋预埋位置	中心线位置	±5
	水平高差	±3
钢筋保护层	距表面	±3
	距底面	±5

4) 开铺前必须按上述要求对所有在路面中预埋及后安装的钢筋结构作质量检验，验收合格后，方可开始铺筑。

3.4　混凝土的拌合运输

3.4.1　混凝土的拌合制备

混凝土拌合质量直接关系到混凝土路面质量，必须严格按配合比称量准确，保证拌合质量。

混凝土制备一般采用两种方法：①在工地由拌合机制备；②在中心拌合场地集中制

备，而后运送到工地。施工时可视运输设备、铺筑能力、工程量等具体情况选用。

常用的搅拌机械有两大类：自落式搅拌机和强制式搅拌机。自落式搅拌机是通过搅拌鼓的转动，使材料依靠自重下落而达到搅拌的目的。这种搅拌机价格较便宜、耗能小，适用于搅拌塑性和半塑性混凝土，而不能用来拌制干硬性混凝土。强制式搅拌机是在固定不动的搅拌筒内，用转动的搅拌叶片对材料进行反复的强制搅拌。这种搅拌机的搅拌时间短，效率高，但是需要的动力大，搅拌筒及叶片摩耗大，骨料破碎多，故障率高。它适用于搅拌干硬性混凝土及细粒料混凝土。

施工中，应根据工程量大小、摊铺进度、搅拌机性能特点及工程技术需要，选择合适的搅拌机型号。工地应有备用的搅拌机和发电机组。

混凝土拌合场通常由拌和机（即搅拌机）、露天砂石料场、水泥库房、称砂石重量的地磅磅秤、人工运输砂石料用的小手推车以及相应的人工装砂石材料于小手推车中的铲子等组成。

为了方便运输汽车或运输拖拉机接运拌合好的混凝土，常将拌和机位置通过搭设条石或混凝土块方式升高，以方便拌合机斗出料时直接送入运输车辆车厢中，因而相应还需在拌合机进料斗前搭设上料坡道及上料平台，以便于人工上料。

混凝土最大水灰比，公路、城市道路和厂矿道路不应大于0.50，冰冻地区冬期施工不应大于0.46。混凝土的单位水泥用量，应根据选用的水灰比和单位用水量进行计算，单位水泥用量不宜小于305kg/m^3。混凝土拌合物的坍落度宜为10～40mm。在工地制备混合料时，要准确掌握配合比，特别要严格控制用水量，每天应根据天气变化和测得砂、石的含水量，调整拌制时的实际用水量，确定施工配合比。所有的组成材料均应过秤，磅秤每班开工前应检查校正。袋装水泥，当以袋计量时，应抽查其重量是否准确。计量的允许误差为：水泥±1%，粗细集料±2%，水±1%，外加剂±2%。搅拌第一盘混凝土前，应先用适量的混凝土拌合物或砂浆搅拌，拌后排弃，然后再按规定的配合比进行搅拌。搅拌机装料顺序为砂、水泥、碎（砾）石（或碎（砾）石、水泥、砂），进料后，边搅拌边加水。

拌制时间取决于搅拌机的性能和拌和物的和易性。混凝土最短搅拌时间见表4-10。搅拌最长时间不得超过最短时间的3倍。

混凝土拌合物最短搅拌时间 表4-10

搅拌机容量		转速（转/min）	搅 拌 时 间（s）	
			低流动性混凝土	干硬性混凝土
自落式	400L	18	105	120
	800L	14	165	210
强制式	375L	38	90	100
	1500L	20	180	240

3.4.2 混凝土的运输

拌制好的混凝土应尽快送往摊铺工地，混凝土拌合物从搅拌机出料后，运至铺筑地点进行铺筑、振捣直至成活的允许最长时间，由试验室根据水泥初凝时间及施工气温确定，并应符合表4-11的规定。

运输设备可参考表4-12选用。宜采用自卸机动车。当运距较远时，宜采用搅拌运输

混凝土从搅拌机出料到浇筑完毕的允许最长时间　　　　　　　　　　表 4-11

施工气温(℃)	允许最长时间(h)	施工气温(℃)	允许最长时间(h)
5～10	2	20～30	1
10～20	1.5	30～35	0.75

混凝土运输设备主要参数　　　　　　　　　　表 4-12

类　　型	容积范围(m³)	运输距离(m)	通道宽度(m)
单、双轮手推车	0.10～0.16	30～50	1.6～1.8
机动翻斗车	0.40～1.20	100～500	2.0～3.0
自卸汽车	2.4	500～2000	3.5～4.0
搅拌车	8.9～11.8	500～5000	2.5～3.5

车（即混凝土罐车）运输，容器应严密（防止漏浆），内壁应平整光洁，粘附的残渣应经常清理（防止运输工具容器底边或侧边的粘连）。运距较近时，1吨小柴油翻斗车、带自卸功能的拖拉机等亦可用于混凝土运输。

在运送混凝土过程中，为避免混凝土产生离析，装（卸）料高度不应超过1.5m，堆放要平稳。夏季和冬季施工时应采取遮盖或保温措施。

3.5　面层浇筑

混凝土摊铺前，应对模板的间隔、高度、润滑、支撑稳定情况和基层状况，以及钢筋的位置、传力杆装置等进行全面检查。注意封堵模板底缝，洒水湿润基层。摊铺混凝土前要准备好板角、加强筋等预埋件或预埋筋，以及勾铺混凝土用的人工工具锄头、篱耙、铲子等。

混凝土运送到摊铺地点后，一般直接倒向安装好侧模的路槽内，可卸成2～3堆，便于摊铺，并用人工找补均匀。要注意防止出现离折现象，如发生离折现象，应在铺筑时重新拌匀，但严禁二次加水重塑。

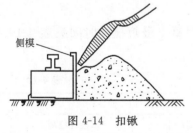

图 4-14　扣锹

混凝土板的厚度不超过22cm时，可一次摊铺；超过22cm时，可分二次摊铺，两层铺注的间隔时间不得超过30min，下部厚度为总厚度的3/5。摊铺时应考虑振实预留高度。松铺厚度通过现场实验确定，一般为设计厚的1.1～1.5倍左右。使振实后的面层标高与设计相符。模板边部应采用"扣锹"方法摊铺（图4-14）。严禁抛掷和搂耙，以防止混凝土拌和物离析。混凝土路面施工缝应尽量设于胀缝处。

3.6　振　　捣

摊铺好的混凝土要迅速进行振捣密实，常用振捣器有插入式振捣器，平板式振捣器及振动梁（又称桥式振捣器）。其他辅助工具还有滚筒、钉子打板、提浆板、木抹子、铁抹子。

3.6.1　振捣程序

振捣（包括收水抹面）程序为：插入式振捣器振捣→平板式振捣器振捣→振动梁振

捣→找补混凝土→钢管滚筒滚压混凝土→人工用提浆板第1次提浆→人工用钉子打板打击石子下沉以留够砂浆磨耗层→人工用提浆板第2次提浆→滚筒滚压混凝土→人工蹲于跳板上用铁抹子两次抹面→混凝土初凝时人工用铁抹子抹光面→压纹器压纹（如有汉白玉交通标志可在接近初凝时一并安装）。

厚度不大于220mm的混凝土板靠边角先用插入式振捣器振捣，然后再用功率不小于2.2kW平板振捣器纵横交错全面振捣，振捣器同一位置停振的持续时间以混合物停止下沉，不再冒气泡并泛出水泥浆为止。纵横振捣时，应重叠100~200mm，然后用振捣梁振捣拖平。有钢筋的部位，振捣时应防止钢筋变位。不宜过振，一般为10~15s。插入式振捣器的移动间距不宜大于其作用半径的1.5倍，其至模板的距离不应大于振捣器作用半径的0.5倍，并应避免碰撞模板和钢筋，当混凝土板厚度较大时，可分二次摊铺。振捣上层混凝土拌合物时，插入式振捣器应插入下层混凝土拌合物50mm，上层混凝土拌合物的振捣必须在下层混凝土拌合物初凝以前完成。振捣应先用插入式振捣器振捣，后用平板振捣器振捣，其振捣顺序如图4-15所示。

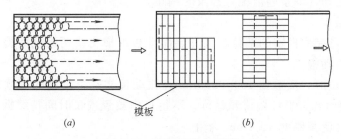

图 4-15　振捣器操作顺序
(a) 用振捣棒振捣时；(b) 用平板振捣器振捣时

平板式振捣器振完后，必须再用振捣梁振捣，并控制路面标高。将振捣梁两端搁在侧模上，沿摊铺方向振捣拖平，不平之处可随时找补，最后再将直径130~150mm的（钢管）滚筒两端放在侧模上沿道路纵横两个方向进行反复滚压，使表面平整、均匀并提浆（见图4-16），最好在滚筒滚压工序之后再使用钉子打板和提浆板工序。

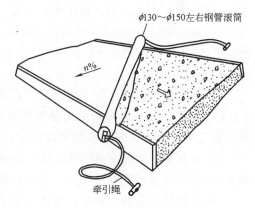

图 4-16　滚筒馒光表面
[注1] 斜放钢管时，横坡低的一侧放于前面
[注2] 事先应该检查钢管的挠度，其值小于2mm可以接受

在振捣时，应注意两点：一是随时检查模板高程及稳固性，如发生下沉，变形或松动等问题，应及时修正；二是及时补平，低洼处应选用碎（砾）石较细的混凝土拌合物填补板面，严禁用纯砂浆填补找平。

为了防止混凝土表面砂浆保护层太薄而导致将来行车时磨损太快使石子外露造成混凝土路面损坏，所以要采用钉子打板打击石子下沉留出足够的砂浆磨耗保护层。钉子打板采用一根方木和两端设木提手作成，方木上钉大钉子，两人共同于所正在现浇的混凝土路面两端同时击打石子。

提浆板造型同钉子打板一样，只是没有钉子，两人共同于所正在现浇的混凝土路面两端上下提浆，之后再用滚筒沿纵向滚压使混凝土表面平整，此后再用木抹子先后两次抹面为下一步初凝时铁抹子抹面做准备。

3.6.2 小型机具铺筑振实

（1）插入式振捣棒振实

1）在待振横断面上，每车道路面应使用2根振捣棒，组成横向振捣棒组，沿横断面连续振捣密实，并应注意路面板底、内部和边角处不得欠振或漏振。

2）振捣棒在每一处的持续时间，应以拌合物全面振动液化，表面不再冒气泡和泛水泥浆为限，不宜过振，也不宜少于30s。振捣棒的移动间距不宜大于500mm；至模板边缘的距离不宜大于200mm。应避免碰撞模板、钢筋、传力杆和拉杆。

3）振捣棒插入深度宜离基层30～50mm，振捣棒应轻插慢提，不得猛插快拔，严禁在拌合物中推行和拖拉振捣棒振捣。

4）振捣时，应辅以人工补料，应随时检查振实效果、模板、拉杆、传力杆和钢筋网的移位、变形、松动、漏浆等情况，并及时纠正。

（2）振动板振实

1）在振捣棒已完成振实的部位，可开始振动板纵横交错两遍全面提浆振实，每车道路面应配备1块振动板。

2）振动板移位时，应重叠100～200mm，振动板在一个位置的持续振捣时间不应少于15s。振动板须由两人提拉振捣和移位，不得自由放置或长时间持续振动。移位控制以振动板底部和边缘泛浆厚度3±1mm为限。

3）缺料的部位，应辅以人工补料找平。

（3）振动梁振实

1）每车道路面宜使用1根振动梁。振动梁应具有足够的刚度和质量，底部应焊接或安装深度4mm左右的粗集料压实齿，保证4±1mm的表面砂浆厚度。

2）振动梁应垂直路面中线沿纵向拖行，往返2～3遍，使表面泛浆均匀平整。在振动梁拖振整平过程中，缺料处应使用混凝土拌合物填补，不得用纯砂浆填补；料多的部位应铲除。

（4）整平饰面

1）每车道路面应配备1根滚杠（双车道两根）。振动梁振实后，应拖动滚杠往返2～3遍提浆整平。第一遍应短距离缓慢推滚或拖滚，以后应较长距离匀速拖滚，并将水泥浆始终赶在滚杠前方。多余水泥浆应铲除。

2）拖滚后的表面宜采用3m刮尺，纵横各1遍整平饰面，或采用叶片式或圆盘式抹面机往返2～3遍压实整平饰面。抹面机配备每车道路面不宜少于1台。

3）在抹面机完成作业后，应进行清边整缝，清除粘浆，修补缺边、掉角。应使用抹刀将抹面机留下的痕迹抹平，当烈日曝晒或风大时，应加快表面的修整速度，或在防雨篷遮荫下进行。精平饰面后的面板表面应无抹面印痕，致密均匀，无露骨，平整度应达到规定要求。

3.7 收水抹面

当用滚筒纵横向反复滚压、整平、提浆后，即开始进行表面整修，先用大抹子反复粗抹找平，再用铁抹板拖抹，小抹子精平，使混凝土表面更加致密、平整、美观。

具体操作：

（1）第一遍抹面：振捣梁整平后，用600～700mm长的抹子（木或塑料）采用揉压方法，将混凝土板表面挤紧压实，压出水泥浆，至板面平整，砂浆均匀一致，一般约抹3～5次。

（2）第二遍抹面：等混凝土表面无泌水时，再做第二次抹平，将析水全部赶出模板。

（3）第三遍抹面：在析水现象全部停止、砂浆具有一定稠度时进行，宜使用小抹子赶光压实。

为使混凝土路面表面增加抗滑移性即产生摩阻力，使汽车能制动性能良好，纹理制作是提高水泥混凝土路面行车安全的重要措施之一。因此抹平精光后在路面板表面上应沿垂直于行车方向进行拉毛或拉槽处理（槽深1～2mm），使混凝土表面在不影响平整度的前提下，具有一定的粗糙度。适宜的纹理制作时间以混凝土表面无波纹水迹比较合适，过早或过晚都会影响纹理制作质量。现普遍采用在路表面用钢制压纹器横向压纹的方式代替原来的用刷子拉毛的工艺。

混凝土初凝时由人工用铁抹子或用机械抹面机抹成光面后（若有汉白玉交通标志则在接近初凝时安装），再用压纹器将混凝土路面表面横向压出一道接一道的纹路（纹路宽约3mm，深约2mm）。近年来，在完全凝固的面层上用切槽机切入深5～6mm，宽3mm，间距15～20mm的横向防滑槽，效果较好。

人工抹面与拉毛工作应站在横跨在两侧模板上的工作桥上进行。

3.8 湿治养护

混凝土需湿治养生，以防止混凝土板水分蒸发或风干过快而产生缩裂，保证混凝土水化过程的顺利进行。湿法养护方法为：宜用塑料保湿膜、土工毡、土工布、麻袋、草袋、草帘等或者20～30mm厚的湿砂，锯末屑，在混凝土终凝以后覆盖于混凝土板表面；每天应均匀洒水几次，经常保持潮湿状态。昼夜温差大的地区，混凝土板浇筑后3d内应采取保温措施，防止混凝土板产生收缩裂缝。混凝土板在养生期间和填缝前，应禁止车辆通行。在达到设计强度的40%以后，方可允许行人通行。在路面养生期间，平交道口应搭建临时便桥。养生时间应根据混凝土强度增长情况而定，一般宜为14～21d。养生期满方可将覆盖物清除，板面不得留有痕迹。这种方法养生效果较好，可以避免阳光直接对混凝土表面照射，减少混凝土板上下湿差，而不会引起缩裂，但用水较多。

在纵坡不大的路段也可用围水法对混凝土路面养生。此种作法为沿路两边筑成小土堰将路面表面分段围住，然后堰内灌水至5～10cm深以淹没混凝土表面，此法节约水量，经济实用。

混凝土路面也可采用喷洒养生剂养生，喷洒应均匀、成膜厚度应足以形成完全密闭水分的薄膜，喷洒后的表面不得有颜色差异。喷洒时间宜在表面混凝土泌水完毕后进行。

3.9 拆 模

拆模应根据气温和混凝土强度增长情况而定。拆模过早易损坏混凝土，过迟则又影响模板周转使用。采用普通水泥时，一般允许拆模时间见表4-13的规定。达不到要求，不能拆除端模时，可空出一块面板，重新起头摊铺，空出的面板待两端均可拆模后再补做。

混凝土板允许拆模时间　　　　　　　　　　表4-13

昼夜平均气温(℃)	允许拆模时间(h)	昼夜平均气温(℃)	允许拆模时间(h)
5	72	20	30
10	48	25	24
15	36	30以上	18

注：1. 允许拆模时间为自混凝土成型后至开始拆模时的间隔时间。
　　2. 使用矿渣水泥时，允许拆模时间宜延长50%～100%。

拆模时要操作细致，不得损坏板边、板角和传力杆、拉杆周围的混凝土，也不得造成传力杆和拉杆松动或变形。模板拆卸宜使用专用拔楔工具，严禁使用大锤强击拆卸模板，尽量保持模板完好。拆下的模板应将粘附的砂浆清除干净，堆放整齐，并矫正变形或局部损坏，矫正精度应符合表4-5模板允许偏差规定的要求。不符合要求的模板应废弃，不得再使用。

拆模顺序如下：先拆下模板外侧支撑（内侧支撑已于混凝土路面现浇到位时拆除）、外侧小钢钎等模板固定部分→用偏头小铁棒插入模板与混凝土路面之间轻轻向外撬动模板→小心取出模板并清洗后上脱模剂整齐堆码以利下次使用。

3.10　切缝与填缝

混凝土路面切缝主要是指切缩缝，另外按设计要求还有要求切纵缝及胀缝。

3.10.1　切缩缝

目前缩缝施工多采用切缝法。当混凝土强度达到设计强度的25%～30%时，用切缝机切割。切缝用水冷却时，应防止切缝水渗入基层和土基。重要的是如何掌握切割时间，切缝过早易损坏槽口边缘；过迟切缝困难，易磨损锯片且费时费工，更重要的是易产生不规则的早期裂缝。切缝时间应控制在混凝土获得足够的强度，而收缩应力并未超出其强度范围时，研究表明，适宜的切缝时间是施工温度与施工后时间的乘积为200～300个温度小时或混凝土抗压强度为8.0～10.0MPa时比较合适。例如：混凝土浇筑完后的养护温度为20℃时，则切缝的控制时间为200/20～300/20＝10.0～15.0h。应注意的是切缝时间不仅与施工温度有关，还与混凝土的组成和性质（集料类型、水泥种类和水灰比等）等因素有关。各地可根据实践经验确定。切缝时应做到宁早不晚、宁深不浅。所以一般可在混凝土终凝后切缝。

当采用切缝法设置缩缝时，采用混凝土切缝机进行切割，切缝宽度控制在4～6mm。切缝法施工，有传力杆缩缝的切缝深度应为1/3～1/4板厚，最浅不得小于70mm；无传力杆缩线的切缝深度应为1/4～1/5板厚。

切缝有两种方法：一次切割成型或两次锯切成型（图4-17）。两次切缝方法锯切成型的槽口工作性能较前种好。为减少早期裂缝，切缝可采用"跳仓法"，即每隔几块板切一缝，然后再逐块锯切。切割机切缝时要注意边加水边切割。

3.10.2 纵缝

纵缝一般做成平缝，施工时在已浇筑混凝土板的缝壁上涂刷沥青，并注意避免涂在拉杆上。然后浇筑相邻的混凝土板。在板缝上部应压成或锯切规定宽度的缝槽。图 4-18 是带有拉杆的纵缝设置方法。

3.10.3 胀缝

胀缝往往利用 $\delta=2\sim2.5\mathrm{cm}$ 厚沥青模板做成，顺带作混凝土路面模板，详见本节安装模板的相关内容。

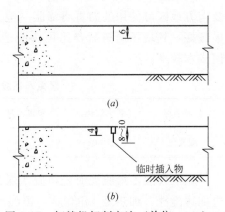

图 4-17 切缝机切割方法（单位：mm）
(a) 一次切割成型法；(b) 两次锯切成型法

3.10.4 灌缝

为了防止雨水、泥土等落入混凝土路面接缝（缩缝、纵缝及胀缝）内，必须采用柔性材料将切割后的缝内灌填充实。切缝后、填缝前进行清缝，清缝可采用人工抠除杂物、空压机吹扫的方式，保证缝内清洁、干燥，无污泥、杂物，然后浇灌填缝料。缝壁检验以擦不出灰尘为灌缝标准。

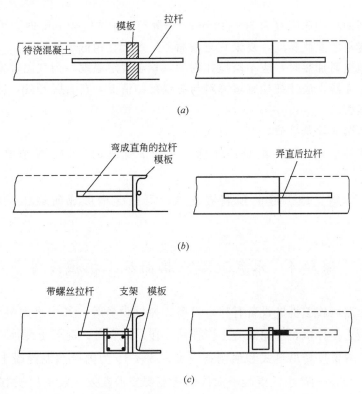

图 4-18 带有拉杆的纵缝设置方法
(a) 模板穿孔；(b) 拉杆弯成直角；(c) 带螺丝的拉杆

理想的填缝料应能长期保持弹性、韧性，热天缝隙缩窄时不软化挤出，冷天缝隙增宽时能胀大并不脆裂，同时还要与混凝土粘牢，防止土砂、雨水等落入缝内，此外，还要耐磨、耐疲劳、不易老化。常用灌缝材料有聚氯乙烯胶泥，沥青橡胶、聚胺酯、沥青麻絮以及南方地区可使用的沥青玛琋脂（但其低温延续性差）等材料，尤以聚氯乙烯胶泥使用效果最好，其现场调制配合比可参见表4-14，其防水性、粘结性、弹塑性和耐久性良好，但成本较高。

聚氯乙烯胶泥现场调制配合比（重量比）　　　　　表 4-14

材料名称	脱水煤焦油	聚氯乙烯树脂	增塑性	粉煤剂	二盐或三盐稳定剂
配合比	100	9～11	15～25	30～50	0.5

调配聚氯乙烯胶泥时先将脱水煤焦油倒入锅内，加热至60℃拌匀，再加入其他材料，边加边搅拌，加热至140℃后，恒温塑化10～20min即可灌注填缝，并用铲刀将缝子表面铲平，冷却后成型。

常温施工式填缝料的养生期，低温天宜为24h，高温天宜为12h。加热施工式填缝料的养生期，低温天宜为2h，高温天宜为6h。在灌缝料养生期间应封闭交通。

3.10.5 灌入式填缝

（1）灌注填缝料必须在缝槽干燥状态下进行，填缝料应与混凝土缝壁粘附紧密不渗水。

（2）填缝料的灌注深度宜为30～40mm。当缝槽大于30～40mm时，可填入多孔柔性衬底材料。填缝料的灌注高度，夏天宜与板面平，冬天宜稍低于板面。

（3）热灌填缝料加热时，应不断搅拌均匀，直至规定温度。当气温较低时，应用喷灯加热缝壁。施工完毕，应仔细检查填缝料与缝壁粘结情况，在有脱开处，应用喷灯小火烘烤，使其粘结紧密。

3.10.6 预制嵌缝条填缝

（1）预制胀缝板嵌入前，缝壁应干燥，并应清除缝内杂物，使嵌缝条与缝壁紧密结合。

（2）缩缝、纵缝、施工缝的预制嵌缝条，可在缝槽形成时嵌入。嵌缝条应顺直整齐。

课题4 水泥混凝土路面施工机械设备

水泥混凝土路面施工机械设备有拌合设备、摊铺设备等，其中水泥混凝土拌合设备，可分为水泥混凝土搅拌机和水泥混凝土搅拌站（楼）两大类。混凝土搅拌机按其结构形式可分为鼓筒式、双锥反转出料式和强制式三种。表4-15为国产水泥混凝土搅拌设备的型号及说明。表4-16为国产水泥混凝土搅拌设备主要技术参数。表4-17为国外水泥混凝土搅拌设备主要技术参数。

施工中，应根据工程量大小、摊铺进度、搅拌机性能特点及工程技术需要，考虑节省能源，降低成本，选择合适的搅拌机型号。工地应有备用的搅拌机和发电机组。常用的搅拌机械有两大类：自落式搅拌机（鼓筒式、双锥反转出料式）和强制式搅拌机（图4-19、图4-20）。

国产水泥混凝土搅拌设备的型号及说明　　　　　　表 4-15

组	型	特 征	代 号	代号含意	主要参数 名称	主要参数 单位表示法
混凝土搅拌机	鼓型 G(鼓)	—	JG	鼓形搅拌机	出料体积	m³×1000
		R(燃)	JGR	内燃鼓形		
	锥形	Z(转)	JZ	锥形反转出料	出料体积	m³×1000
		F(翻)	JF	锥形倾翻出料		
	强制式 Q(强)	—	JQ	强制式		
混凝土搅拌楼	—	—	HL	混凝土搅拌楼	生产率	m³/h
	强制式 Q(强)	—	JQ	立轴式	出料体积	m³×1000
			JQW	双卧轴式		
			JD	单卧轴式		
混凝土搅拌站			HD	混凝土搅拌站	生产率	m³/h

国产水泥混凝土搅拌设备主要技术参数　　　　　　表 4-16

类别	型号	额定干料容量 (L)	出料容量 (m³)	生产率 (m³/h)	功率 (kW)	机重 (t)	生 产 厂
强制式搅拌机	JD150	240	0.15	7.5~9	7.5	1.49	山东建筑机械厂等
	JD200	300	0.20	11~13	7.5	1.95	
	JD250	400	0.25	12.5	11	3	山西建筑机械厂等
	JD350	560	0.35	21	15	3	
	JW500	800	0.5	20~25	30	5.2	江苏建筑机械厂等
	JQW500	800	0.5	20~24	17	4	
	JW1000	1000	0.625	40	55	7	江阴建筑机械厂等
水泥混凝土搅拌站	HZ-15	750	0.5	15	38.5	13	华东建筑机械厂
	HZQ15/20	560	0.35	15~20	20	—	山东建筑机械厂
	HZQ20	750	0.5	20	30	16	华东建筑机械厂
	HZQ25	800	0.5	25	30	22	阜新矿山机械厂
	HZQ50	1000	1.5	50	2×18.5	35	阜新矿山机械厂
	HL50	1500	2.0	50~60	200	100	华东建筑机械厂

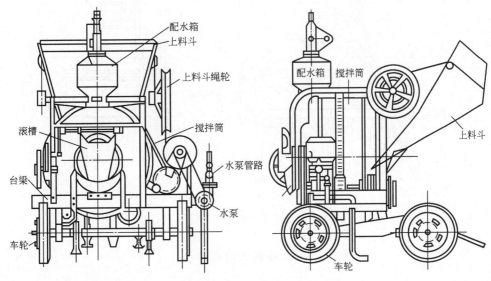

图 4-19　自落式混凝土搅拌机

国外水泥混凝土搅拌设备主要技术参数　　　　表 4-17

国别	公司	型号	拌合形式	生产率(m^3/h)	功率(kW)
瑞士	AMMANN	BZ1000/60m BZ1000/80m	双轴卧式 双轴卧式	50 70	58 78
澳大利亚	ARAN	ACBM5 ACBM10	双轴叶片式 双轴叶片式	45 200	不定 不定
德国	ARBAU	BM15Z BM25Z BM35Z-H	立轴式 立轴式 立轴式	15 22 30	33 37 55
	BHS	65 75	双轴卧式 双轴卧式	65 75	145 146
	ELBA	EMM16 EMM30 ESM65 EMC35 EMC45 EMC60	强制式(卧) 强制式(卧) 强制式(卧) 强制式(卧) 强制式(卧) 强制式(卧)	16 30 60 35 45 60	23 44 50 27 53 61
	BAUKEMA	BA500B BAA40	滚筒式 滚筒式	26 40	22 79
英国	BENFORD	PB25 PB50	立轴式 立轴式	20 40	50 64
波兰	BUMAR	HB260 B-300	立轴式 立轴式	26 38	50 75
意大利	CIFA	TM-42 TM-53	双轴卧式 双轴卧式	42 53	— —
美国	ROSS	EX4 —	立轴式 立轴式	30 25~76	57 114
比利时	STETTER	M2 M25	双轴卧式 双轴卧式	136 163	140 150

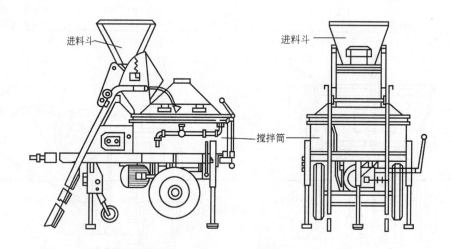

图 4-20 强制式混凝土搅拌机

4.1 强制式搅拌机

强制式搅拌机是在固定不动的搅拌筒内，用转动的搅拌叶片对材料进行反复的强制搅拌。这种搅拌机的搅拌时间短，效率高，搅拌的混凝土质量好，但是需要的动力大，搅拌筒及叶片摩耗大，骨料破碎多，故障率高。它适用于搅拌干硬性混凝土及细粒料混凝土。

强制式混凝土搅拌机又可分为立轴式和卧轴式。立轴强制式混凝土搅拌机由于叶片、衬板磨损量较大，其使用受到一定限制。双卧轴强制式搅拌的混凝土均匀，轴和叶片更换方便、省电，有较好的技术紧急指标，选型时尽可能选用双卧轴强制式搅拌机。

4.2 反转式搅拌机

双锥反转式水泥混凝土搅拌机其搅拌混合料的原理将拌合物提高到一定的高度，依靠拌合物的自重下落而达到搅拌的目的。这种搅拌机价格较便宜、耗能小，适用于搅拌塑性和半塑性混凝土。由于混合料搅拌不够均匀，配比无法严格控制，而不能用来拌制干硬性混凝土及高等级道路水泥混凝土路面。

4.3 振捣机械

常用振捣器有插入式振捣器，平板式振捣器及振动梁（又称桥式振捣器）。其他辅助工具还有滚筒、钉子打板、提浆板、木抹子、铁抹子。

小型机具铺筑时搅拌、振捣机械要求见表4-18。

小型机具施工配套机械、机具配置　　　　表4-18

工作内容	主要施工机械机具	
	机械机具名称、规格	数量、生产能力
搅拌	强制式搅拌机，单车道≥25m³/h，双车道≥50m³/h	总搅拌产生能力及搅拌机数量根据施工规模和进度由计算确定
	装载机	2~3m³
	发电机	≥120kW
	供水泵和蓄水池	单车道≥100m³ 双车道≥200m³
振实	手持振捣棒，功率≥1.1kW	每2m宽路面不少于1根
	平板振动器，功率≥2.2kW	每车道路面不少于1个
	振捣整平梁，刚度足够，2个振动器功率≥1.1kW	每车道路面不少于1个振动器 每车道路面不少于1根振动梁
	现场发电机功率≥30kW	不少于2台

课题5 施工质量标准、施工安全要求

5.1 施工质量标准

施工质量的控制、管理与检查应贯穿整个施工过程，要求在施工过程中对每道工序严格的检查和控制，对出现的问题，立即进行纠正直至停工整顿。

5.1.1 保证混凝土路面施工质量采取的测试措施

（1）对混凝土混合料组成材料（粗细集料、水泥、外加剂及水）分别进行检验，确定是否符合技术要求，并检验混凝土强度。

(2) 冬季和夏季施工时应测定混凝土拌和和摊铺时的温度。

(3) 施工中应及时测定7d龄期的试件强度，检查是否达到28d强度的70%，否则应及时查明原因，及时采取措施。使混凝土强度达到设计要求。

5.1.2 水泥混凝土（包括预制混凝土）路面施工验收质量标准如下

(1) 模板必须支立牢固，不得倾斜、漏浆。

(2) 板面边角应整齐，不得出现大于0.3mm的裂缝，并不得有石子外露和浮浆、脱皮、印痕、积水等现象。

(3) 伸缩缝必须垂直，缝内不得有杂物，伸缩缝必须全部贯通，传力杆必须与缝面垂直。

(4) 切缝直线段应线条直顺，曲线段应弯顺，不得有夹缝，灌缝不得漏灌。

(5) 混凝土铺筑后应按有关规定进行养生。

5.1.3 水泥混凝土路面允许偏差

水泥混凝土（包括预制混凝土）路面（面层）允许偏差见表4-19。

水泥混凝土（包括预制混凝土）面层允许偏差   表4-19

序号	项目		允许偏差	检验频率		检验方法
1	支模	直顺度	5	50m	1	拉20m小线量取最大值
2		高程	±5	20m	1	用水准仪测量
3	水泥混凝土面层	△抗压强度	不低于设计规定	每台班	1组	
4		△抗折强度	试块强度平均值不低于设计规定	每台班	1组	
5		△厚度	+20 −5	每块	2	用尺量
6		平整度	5	块	1	用3m直尺量取最大值
7		相邻板高差	3	缝	1	用尺量
8		宽度	−20	40m	1	用尺量
9		中线高程	±20	20m	1	用水准仪测量
10		横坡		<9 9~15 >15	2 4 6	
11		纵缝直顺	10	100m缝长	1	拉20m小线量取最大值
12		横缝直顺	10	40m	1	沿路宽拉线量取最大值
13		蜂窝麻面面积	≤2%	每块每侧面	1	用尺量蜂窝总面积
14		井框与路面高差	3	每座	1	用尺量取最大值

注：1. 本表摘自建设标准《市政道路工程质量检验评定标准》CJJ 1—90。
2. 切缝不检查相邻板差。

5.1.4 质量记录

(1) 钢筋、水泥、外加剂、掺合料等产品合格证和出厂检验报告和复试报告。

(2) 砂、石试验报告。

(3) 工程定位测量记录和测量复试记录。

(4) 施工记录（隐蔽工程检查记录、混凝土配合比通知单、混凝土浇灌申请书、混凝土开盘鉴定、混凝土浇筑记录等）。

(5) 混凝土抗压、抗折强度试验报告等。

(6) 路面平整度、粗糙度、弯沉值检验记录等。

(7) 单位工程质量评定表和工序质量评定表。

5.2 施工安全要求

应根据机械化施工特点，做好安全生产工作。施工前，施工单位应对员工进行安全生产教育，树立安全第一的思想，落实安全生产责任制度。

路面施工期间应加强施工环保的教育，增强环保意识，并加强施工场地环境卫生管理、监督和检查。

5.2.1 安全生产

施工过程中，应制订搅拌楼、发电（机）站、运输车、滑模摊铺机、轨道摊铺机、沥青摊铺机、三辊轴机组等大型机械设备及其辅助机械（具）的安全操作规程，并在施工中严格执行。

(1) 在搅拌楼的拌合锅内清理粘结混凝土时，无电视监控的搅拌楼必须有两人以上方可进行，一人清理，一人值守操作台。有电视监控的搅拌楼，必须打开电视监控系统，关闭主电机电源，在主开关上挂警示红牌。搅拌楼机械上料时，在铲斗及拉铲活动范围内，人员不得逗留和通过。

(2) 运输车辆应鸣笛倒退，并有人指挥和查看车后。

(3) 施工中，布料机、滑模摊铺机、轨道摊铺机、沥青摊铺机、三辊轴机组、拉毛养生机等机械设备严禁非操作人员登机。夜间施工，在布料机、摊铺机、拉毛养生机上均应有照明设备和明显的示警标志。

(4) 施工中严禁所有机械设备的机手擅离操作台，严禁用手或工具触碰正在运转的机件。

5.2.2 交通安全

(1) 施工现场必须做好交通安全工作。交通繁忙的路口应设立标志，并有专人指挥。夜间施工，路口、模板及基准线桩附近应设置警示灯或反光标志，专人管理灯光照明。

(2) 摊铺机械停放在通车道路上，周围必须设置明显的安全标志，正对行车方向应提前200m引导车辆转向，夜间应以红灯示警。

5.2.3 施工环境保护

(1) 在搅拌场、生活区、路面施工段应经常清理环境卫生，排除积水，并及时整治运输道路和停车场地，做到文明施工。

(2) 搅拌楼、运输车辆和摊铺机的清洗污水不得随处排放；每台搅拌楼宜设置清洗污水的沉淀池或净化设备，车辆应在有污水沉淀或净化设备的清洗场进行清洗。

(3) 废弃的水泥混凝土、基层残渣和所有机械设备的修理残渣和油污等废弃物应分类集中堆放或掩埋。

(4) 搅拌场原材料和施工现场临时堆放的材料均应分类、有序堆放。施工现场的钢筋、工具、机械设备等应摆放整齐。

单元 5 挡土墙施工

课题 1 挡土墙基本类型及构造

挡土墙是设置于天然地面或人工坡面上，用以抵抗侧向土压力，防止墙后土体坍塌的支挡结构物。在道路工程中，它可以稳定路堤和路堑边坡，减少土方和占地面积，防止水流冲刷及避免山体滑坡、路基坍方等病害发生。

1.1 挡土墙分类

1.1.1 按其在道路横断面上的位置分类

可分为：路堑墙、山坡墙、路肩墙、路堤墙等，见表 5-1。其中路肩或路堤挡墙设在

挡土墙的种类   表 5-1

名　称	示　意　图	适　用　范　围
路堑挡土墙		1. 山坡陡峻，用以降低边坡高度。减少山坡开挖，避免破坏山体平衡 2. 地质条件不良，用以支挡可能坍滑
山坡挡土墙		用以支挡山坡上有可能拥滑的覆盖层土体或破碎岩层（需要时可分设数道），并兼有拦石的作用
路肩挡土墙		1. 陡山坡上，为保证路堤稳定。收缩坡脚 2. 为避免干扰其他建筑物，如房屋、铁路、水渠等，或防止多占农田 3. 为防止沿河滨及水库路堤受水冲刷和淘刷
路堤挡土墙		1. 受地形限制或因与其他建筑物相干扰，必须约束坡脚时 2. 防止陡坡路堤下滑

较陡山坡上,可保证填方稳定,缩小占地宽度,减少填方量,不拆或少拆原有建筑物;沿河路堤还可少占河床,防止水流冲刷路基。路堑或山坡挡墙可减少挖方,避免破坏原地层的天然平衡,降低边坡高度,放缓边坡并起支挡作用,保证边坡的稳定。

1.1.2 按其结构形式分类

可分为:重力式、半重力式、锚杆式、垛式等。其中以重力式运用比较普遍,它结构简单,靠自重平衡墙背土压力增加维持抗滑和抗倾稳定,施工方便,有利于就地取材;但砌体体积大,较重,要求地基有较高的承载力,在使用上有一定的限制。半重力式墙是在墙体中加筋,如悬臂式和扶壁式挡土墙。垛式挡墙是将预制杆件或废枕木纵横交错叠成框架,内填土石。锚杆式挡墙是在水平或斜向钻孔,加桩锚固。

1.1.3 按砌筑墙身材料分类

可分为:石砌、砖砌、混凝土、钢筋混凝土、加筋挡土墙等。

挡土墙的特点及适用范围　　　　表 5-2

类型	特点	结构示意图	适用范围
石砌重力式	1. 依靠墙身自重抵抗压力的作用 2. 形式简单,取材容易,施工简易		1. 产砂石地区 2. 墙高在 6.0m 以下,地基良好,非地震区 3. 其他情况,宜用浆石砌
石砌衡重式	1. 利用衡重台上部填土的下压作用和全墙重心的后移,增加墙身稳定,节约断面尺寸 2. 墙面陡直,下墙墙背仰斜,可降低墙高。减少基础开挖		1. 山区、地面横坡陡峻的路肩墙 2. 也可用于路堑墙,兼有拦挡坠石作用 3. 亦可用于路堤墙
锚杆式	1. 由立柱、挡板和锚杆三部分组成,靠锚杆锚固在山体内拉住立柱 2. 断面尺寸小 3. 立柱、挡板可预制		1. 高挡墙 2. 备有钻岩机、压浆机等设备 3. 较宜用于路堑墙,亦可用于路肩墙
垛式	利用钢筋混凝土预制杆件,纵横交错锚装配成框架,内填土石,以抵抗土的推力		缺乏石料地区
钢筋混凝土悬臂式	1. 由立壁、墙趾板和墙踵板三个悬臂梁组成,断面尺寸较小 2. 墙高时,立壁下部的弯矩大,消耗钢筋多,不经济		1. 缺乏石料地区 2. 普通高度的路肩墙 3. 地基情况可以差些
钢筋混凝土扶壁式	沿悬壁式墙的墙长,隔一距离加一道扶壁,使立壁与墙踵板连接起来,更好受力		在高挡墙时较悬臂式经济,其余同上

道路中常用的挡土墙有石砌重力式，衡重式及混凝土、钢筋混凝土悬臂式。各类挡土墙的主要特点及适用范围见表5-2。

1.2 挡土墙的构造

图5-1所示是挡土墙各部分名称示意图，靠回填土的一面为墙背，暴露在外的一侧为墙面，墙的基底称为基脚，有时另设基础，基脚或基础外侧前缘部分称为墙趾，内侧外缘为墙踵。

常用的石砌挡土墙一般由基础、墙身、排水设施、沉降伸缩缝等组成。

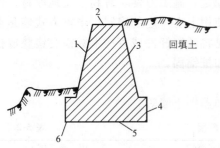

图5-1 挡土墙各部分名称示意图
1—墙面；2—墙顶；3—墙背；4—墙踵；
5—墙脚或基础；6—墙趾

1.2.1 基础

挡土墙的基础是挡土墙安全、稳定性的关键，一般土质地基可采用石砌或现浇混凝土扩大基础。当地面纵坡较大时，基础沿长度方向做成台阶式，可以节省工程量。基础设置于平整的土石层上。若地基为软弱土层时，应用砂砾、碎石或炉渣灰土等材料换填，以增大基底承载力。基础应埋置一定深度，一般土类为1.0m，风化岩为0.4m，轻风化岩为0.2m。墙趾前地面横坡较大时，应留有足够的襟边，以防地基剪切破坏。

1.2.2 墙身

挡土墙的墙身是挡土的主体结构。挡土墙墙顶最小宽度，浆砌块（片）石为0.4m，干砌石为0.5m。当材料为石砌或混凝土时，墙身断面形式按照墙背的倾斜方向分为：仰斜、垂直、俯斜、折线、衡重等几种形式。如图5-2所示。

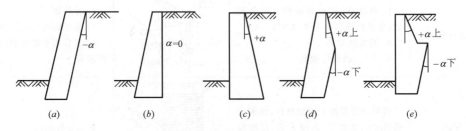

图5-2 石砌挡土墙的断面形式

1.2.3 排水系统

挡土墙墙后排水是十分重要的工作，若排水不畅，会导致地基承载力下降和墙背部压力增加，严重时造成墙体损坏或发生倾覆。为了迅速排除墙背土体的积水，在墙身的适当高度处设置一排或数排泄水孔如图5-3所示。泄水孔尺寸可视墙背泄水量的大小，常采用5×10cm或10×10cm的矩形或圆形孔。泄水孔横竖间距，一般为2～3m，上下排泄水孔应交错布置。为保证泄水顺畅，避免墙外雨水倒灌，泄水孔应布置成向墙面倾斜，并设成2%～4%的泄水坡度。

最下一排泄水孔出口应高出地面0.3m以利排水。为了防止墙后积水下渗进地基，最下一排泄水孔下面需铺设0.3m的粘土层。泄水孔的进水孔处应设粒料反滤层，以防孔洞

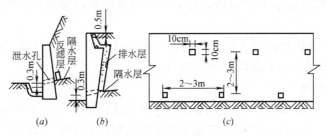

图 5-3 挡土墙泄水孔

被土体堵塞。

路堑挡土墙墙趾边沟应予以铺砌加固，防水渗入挡土墙基础。干砌挡土墙可不设泄水孔。

1.2.4 沉降伸缩缝

为了防止墙身因地基不均匀沉降而引起的断裂，需设沉降缝。为了防止砌体硬化收缩和温度与湿度变化所引起的开裂，需设伸缩缝。

沉降缝和伸缩缝在挡土墙中同设于一处，称之为沉降伸缩缝。对于非岩石地基，挡土墙每隔 10~15m 设置一道沉降伸缩缝。对于岩石地基应根据地基岩层变化情况，可适当增大沉降缝间隔。设置缝宽为 2~3cm，自基地底到墙顶拉通。浆砌挡土墙缝内可用胶泥填塞；但在渗水量大、填料易流失或冻害严重地区，宜用沥青麻筋或沥青木板材料，沿墙内、外、顶三边填塞，深度不小于 15cm。墙背为填石料时，留空不填防水材料板。干砌挡土墙，缝的两侧应用平整石料砌成垂直通缝。挡土墙各部分名称及纵向布置图见图 5-4 所示。

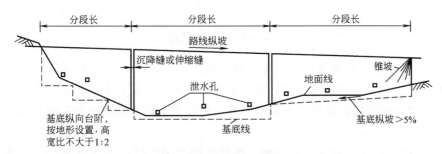

图 5-4 挡土墙纵断面图

课题 2　挡土墙施工准备工作

城市道路中的挡土墙常用的是石砌重力式、混凝土重力式、钢筋混凝土悬臂式以及扶壁式挡土墙。石砌重力式挡土墙的施工程序可概括为：测量放线—基槽开挖—石料砌筑—勾缝。

2.1　挡土墙砌筑前注意事项

2.1.1　材料

挡土墙所用石料有片石、块石、毛石等，均要求石料质地均匀，无裂缝，不易风化，无脱皮（层），强度不应小于30MPa；河卵石必须要求质地坚硬，不带泥土和青苔。

2.1.2 测量

测量人员应严格按道路施工中线、高程控制点放出基槽开挖界线及深度，随着施工进度，测量并控制挡土墙的平面位置和纵断面高程。

2.1.3 基槽开挖

基槽开挖不得扰动基底原状土，做好排降水设施，保持基底干燥施工。对不符合设计要求的软弱地基，承载力不足时，应通过设计变更程序，采取措施后方可施工。

2.2 砌石作业前的施工准备工作

2.2.1 施工前应将地基清理干净，复核地基位置、尺寸、高程，遇有松软或其他不符合砌筑条件等的情况必须坚决处理，使之满足设计要求，地基遇水应排除并必须夯填10cm厚的碎（卵）石或砂石垫层，使地基坚实，方可砌筑。

2.2.2 续砌时应清扫尘土及杂物落叶，石料使用前应清洗干净，不要在刚砌好的砌体上清洗。

2.2.3 砌筑的样板、尺杆、尺寸线等均应测量核实正确，砌筑应挂线，并经常吊线校正尺杆，以保证砌体各部尺寸符合设计要求。

2.2.4 水泥砂浆拌和应符合设计及施工要求。

2.2.5 砌筑用工具，劳保用品、脚手架等均应牢固、可靠。

课题3 施工程序、施工工艺和施工方法

3.1 石砌挡土墙施工

3.1.1 第一层石料砌筑选择大块石料铺砌，大面向下，大石料铺满一层，用砂浆灌入空隙处，然后用小石块挤入砂浆，使砂浆充满空隙，分层向上砌平。遇在岩石或混凝土上砌筑时必须先铺底层砂浆后，再安砌石料，使砂浆和砌石联成一体，以使受力均匀，增强稳定。

3.1.2 砌筑从最外边及角石开始，砌好外圈接砌内圈，直至铺满一层。再铺砂浆并用小石块填砌平实。砌筑时应注意：

1. 外边、角石砌筑应选择有平面，有棱角、大致方正的石块，使其尺寸、坡度、角度符合挂线，同层高度大致相等。

2. 砌筑中石块应大小搭配、相互错叠、咬接紧密，所有石块之间均应有砂浆填实，隔开，不能石与石直接接触，工作缝须留斜茬（台阶茬）。

3. 上下层交叉错缝不得小于8cm，转角处不小于15cm，片石不镶面，缝宽不宜大于4cm，不得出现通缝。

4. 丁石和顺石要相间砌筑，至少两顺一丁或一层丁石一层顺石。丁石长应为顺石的1.5倍以上。

5. 伸缩缝（沉降缝）处两面石块可靠着伸缩缝（沉降缝）隔板砌筑，砌完一层即把木隔板（缝板）提高一层，位置、垂直度、尺寸必须准确。遇构造物有沉降缝，须认真核

实，使砌石与构造物沉降缝相符合起到伸缩和沉降作用。

3.1.3 勾缝

1. 设计无勾缝时可随砌随用灰刀将灰缝刮平。
2. 勾缝前应清除墙面污染物，保证湿润，齿剔缝隙。
3. 片石砌体宜采用凸缝或平缝，料石应采用凸缝，保证砌体的自然缝，拐弯圆滑，宽度一致，赶光压实，结合牢固，无假缝、通缝、重缝、裂缝和粘接不实。
4. 砂浆强度不低于10MPa（体积比1:2.5）。

3.2 钢筋混凝土挡土墙施工

钢筋混凝土挡土墙有扶壁式、悬臂式和重力式。扶壁式、悬臂式挡墙的施工工艺流程如图5-5所示，其施工要点如下：

3.2.1 测量放样

测量工人应严格按道路施工中线、高程点控制挡土墙的平面位置和纵断高程。挡土墙的平面位置和高程与道路及其他附属建筑物联系紧密，一般在放样前先按设计图计算出相互之间关系，并在施工中进行校核。精确测定挡土墙基座主轴线和起止点两端是否顺适，一般在直线段20m设一桩，曲线段10m设一桩，并据地形条件适当加桩。

3.2.2 基槽开挖

基槽开挖不得扰动基底原状土，做好排降水设施，保持基底干燥施工。对墓底坑穴淤泥、腐植土清理干净，回填好土或石灰土，以免基底不均匀沉陷和塌方。

3.2.3 基础模板安放

挡墙基础模板支安要牢固，底脚加扫地方木，两侧设对螺栓和水平撑斜撑，并加方木内撑，以防模板在浇注混凝土时松动、跑模、下沉，钢、木模板拼缝严密不漏浆，模板隔离剂涂刷不得污染钢筋；

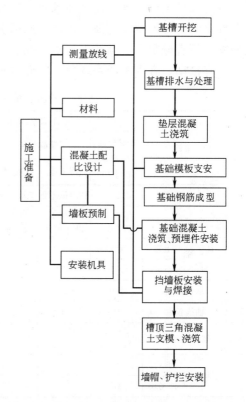

图5-5 扶壁式、悬臂式挡墙施工工艺流程图

3.2.4 基础钢筋绑扎

挡墙基础钢筋表面应洁净，不得有锈皮、油渍等污垢，绑扎或焊接成型的网片或骨架必须稳定牢固。

3.2.5 浇筑基础混凝土

浇注基础混凝土，配合比应符合设计强度要求，预埋件按设计位置与基础钢件焊牢，以免振捣混凝土时发生变形和位移。

3.2.6 挡墙板的安放

挡墙板的安装，应控制垂直度，悬臂式墙板插入杯槽内，填实高标号细石混凝土（≥

30MPa），并将墙板预埋件与基础预埋件焊接牢固。

3.2.7 浇注墙板混凝土

墙板间灌缝混凝土一定要振捣密实，板缝用原浆勾缝，要密实、平顺、美观。

3.2.8 浇注顶部混凝土

浇注槽顶三角混凝土。浇注前，将墙顶凿毛刷素浆，以利混凝土上下结合，最后要装墙帽与护栏。

现浇重力式混凝土挡土墙的施工工艺与钢筋混凝土结构施工要求相同。但挡土墙后回填土时，要求混凝土强度大于设计强度的80%后才允许填土。

课题4 施工质量标准

重力式挡土墙的施工质量要求是：砌体砂浆必须嵌填饱满、密实；灰缝应整齐均匀；符合要求，勾缝不得有空鼓、脱落；砌体分层填筑必须错缝，其相交处的咬扣必须紧密；沉降缝必须直顺贯通。预埋件，池水孔、反滤层防水设施等必须符合设计规范的要求。砌石不得有松动、叠砌和浮塞现象。其允许偏差见表5-3中的规定。

护底、护坡、挡土墙（重力式）允许偏差　　　　　表5-3

序号	项目		允许偏差(mm)				检验频率		检验方法
			浆砌料石、砖、砌块挡土墙	浆砌块石		干砌块石	范围(m)	点数	
				挡土墙	护底、护坡	护底、护坡			
1	砂浆强度		平均值不低于设计规定						见注
2	断面尺寸		+10 0	不小于设计规定	不小于设计规定	不小于设计规定	20	2	用尺量宽度上下各一点
3	基底高程	土方	±30	±30			20	2	用水准仪具测量
		石方	±100	±100					
4	顶面高程		±10	±15			20	2	用水准仪具测量
5	轴线位移		10	15			20	2	用经纬仪测量
6	墙面垂直度		0.5%H 且<20	0.5%H 且<30			20	2	用垂直线检验
7	平整度	料石	20	30			20	2	用2m直尺检验
		砖砌块	10						
8	水平缝平直		10				20	2	用20m小线检验
9	墙面坡度		不陡于设计规定				20	1	用坡度板检验

注：1. 表中 H 为构筑物高度。单位：mm。
　　2. 浆砌卵石的规格可参照浆砌块石的规定。
　　3. 各个构筑物或每50m³砌体中制作试块一组（6块），如砂浆配合比变更时，也应制作试块。
　　4. 砂浆强度：砂浆试块的平均强度不低于设计规定，任意一组试块的强度最低值不低于设计规定的85%。

单元 6　附属工程施工

在城市道路工程中，道路附属工程主要由侧平石（路缘石）和人行道构成，如图 6-1 所示。

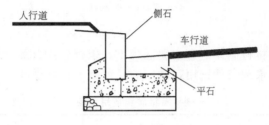

图 6-1　道路附属结构

课题 1　道路附属工程基本构造

1.1　侧　平　石

侧平石是设在路面边缘的界石，也称为道牙或缘石。它在路面上是区分车行道、人行道、绿地、隔离带和道路其他部分的界线，起到保障行人、车辆交通安全和保证路面边缘齐整的作用。侧平石可分为侧石、平石、平缘石三种。侧石又叫立缘石，顶面高出路面的侧平石，有标定车行道范围和纵向引导排除路面水的作用；平缘石是顶面与路面平齐的平石，有标定路面范围，整齐路容、保护路面边缘的作用。采用两侧明沟排水时，常设置平缘石，以利排水，也方便施工中的碾压作业；平石是铺筑在路面与立缘石之间的平缘石，常与侧石联合设置，是城市道路最常见的设置方式。为准确地保证锯齿形偏沟的坡度变动，使其充分发挥其作用，并有利于路面施工或使路面边缘能够被机械充分压实，应采用立石与平石结合铺设，特别是设置锯齿形偏沟的路段。

一般：侧平石排砌在车行道与人行道，路肩或绿化带的分界处。

侧石平均高出车行道边缘 15cm，对人行道等起侧向支撑作用。

平石排砌在侧石车行道之间，起排水街沟和保护路边的作用。

在郊区公路上，一般只排砌平石。

水泥混凝土路面只排砌侧石，不排砌平石。

要求：外形尺寸（长，宽）允许偏差≯±5mm，厚度允许偏差≯±3mm，外露面平整度偏差≯3mm，混凝土抗压强度平均值≮30MPa，如图 6-2 所示。

（1）侧石：$100 \times 300 \times L$

（2）平石：$100 \times 120 \times L$

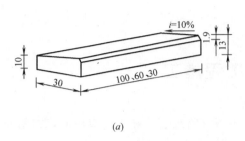 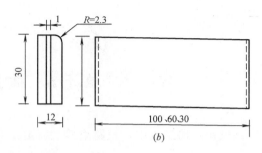

图 6-2 侧平石规格示意图（单位：cm）

(a) 平石；(b) 侧石

L：1m，0.6m，0.3m

侧平石可用不同的材料制作，有水泥混凝土、条石、块石等。缘石外形有直的、弯弧形和曲线形。应根据要求和条件选用。常用的几种侧平石材质和适用范围见表 6-1。

侧平石材质和适用范围　　　　表 6-1

序号	种类名称	材　质	适用范围
1	立道牙（缘石）	≥30MPa 混凝土	安于路面两侧，区分人行（慢车道）和车行道或绿化带，一般高出路面 15cm
2	平石	≥30MPa 混凝土	平石和立道牙组成偏沟
3	平道牙	≥30MPa 混凝土 10MPa 红机砖	
4	转弯道牙	≥30MPa 混凝土	
5	路口道牙	30MPa 混凝土	
6	反光道牙	30MPa 混凝土	
7	立交桥道牙	30MPa 混凝土	

1.2　人　行　道

人行道设置在城市道路的两侧，起到保障行人交通安全和保证人车分流的作用。人行道面常用预制人行道板块铺筑而成，这是一种最常见的铺筑形式。一般由人工挂线铺砌，常在车行道铺筑完毕后进行。人行道基层多采用石灰稳定土，在其上铺砌预制块。这就要求基层具有良好的平整度，以保证人行道的铺砌质量。

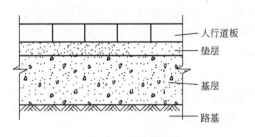

图 6-3　人行道结构

当然，也有现浇水泥混凝土人行道施工的铺筑形式。人行道结构如图 6-3 所示。

1.2.1　人行道工程特点

(1) 结构层较薄，地面障碍物多，不易机械施工。

(2) 没有进一步压密实的条件。

(3) 有较多的公用事业专用设施，检查井及绿化。

(4) 有些地段易受屋檐水及落水管水冲刷。

(5) 单向排水，横坡一般为2%～3%。

1.2.2 常用预制块规格和适用范围（表6-2、表6-3）

预制水泥混凝土大方砖常用规格与适用范围表 表6-2

品　种	规　格 长×宽×厚(cm)	混　凝　土	用　途
大方砖	40×40×10	≥30MPa	广场与路面
大方砖	40×40×7.5	≥30MPa	庭院、广场、路面
大方砖	49.5×49.5×10	≥30MPa	庭院、广场、路面

预制混凝土小方砖常用规格与适用范围表 表6-3

品　种	规　格 长×宽×厚9(cm)	混凝土强度(MPa)
九格小方砖	25×25×5	25
16格小方砖	25×25×5	25
各方砖	20×20×5	20～25
各方砖	23×23×4	20～25
水泥花砖	20×20×1.8 单色、多色图案	20～25

课题2　附属工程施工准备工作

2.1 施工组织

为了使工程全面开展后能顺利地按计划进行。主要是建立和健全施工组织管理机构，制定施工管理制度，明确施工任务，组织施工队伍，确立施工应达到的目标等。还要与有关单位及个人签订协议，在动工前将各种拆迁及征用土地等处理完毕。

2.2 施工现场布置

划定施工范围，进行必要的动拆迁，达到"三通一平"。进行设计技术交底和交桩，定额交底，任务交底。申请接电接水。

2.3 材料准备

材料、机具设备的准备及"三通一平"。包括各种材料与机具设备购置、采集、调配、运输和储存，临时道路及工程房屋的修建，供水、供电、通讯及必须的生活福利设施等的安装及建设等。

2.4 测量放样

2.4.1 侧平石测量放样

(1) 侧石平面位置的测放

在侧石靠车行道一边的位置,使用经纬仪或花杆测放出道路的边线桩。

(2) 侧石标高的测放

一般,使侧石顶面线平行于道路中心的纵坡线,侧石顶标高计算公式为:

$$H = H_0 - 1/2(B \times i) + h \tag{6-1}$$

式中　H——侧石顶标高;

　　　H_0——路中心设计标高;

　　　B——车行道宽度;

　　　i——车行道设计横坡;

　　　h——平石顶至侧石顶面高度,一般 $h=0.10\sim0.20$m。

测设时:用水准仪沿道路每隔 $20\sim30$m,测放出侧石顶面标高 H,打入铁钎,用红漆标高 H,然后用麻线来排砌侧石。

(3) 平石标高的测放

根据侧石顶至平石面之间的距离 h 可确定平石的标高。

确定侧石顶至平石之间挑水点位置和进水口位置的侧石高度,一般:$h_{挑}=0.12\sim0.15$m, $h_{进}=0.18\sim0.20$m。

(4) 挑水点位置的确定

挑水点在道路纵坡 $i_{纵}=0$ 时,设在两进水口一半即 $L/2$ 处。

当道路纵坡 $i_{纵}\geqslant 3‰$时,已满足排水要求,平石可不设挑水点。当 $i<3‰$时,挑水点距较低进水口的距离为:

$$x = L/2(1 + i_{中}/i_{纵}) \tag{6-2}$$

式中　$i_{中}$——道路中线(两进水口间)的纵坡;

　　　$i_{纵}$——平石要求最小纵坡,取 3‰;

　　　h——两进水口间高差,$h=L\times i_{中}$;

　　　L——进水口间距(m)。

2.4.2　人行道测量放样

根据设计标高和宽度,订出边桩,改出边线,在桩上划出面层标高,桩距直线段 1 根/10m,曲线段加密。

侧石顶面作为和人行道外侧标高控制点,根据设计宽度和横坡,算出横向高差值,测设出内侧控制点。根据设计测设出树穴位置。

2.5　土基与基层的检查与整修

土基与基层检查与验收应按竣工验收规范要求进行,其检查与验收的项目主要包括:土基与基层有关工程的位置、标高、断面尺寸、压实度或砌筑质量等,要求其应满足容许误差的范围,凡不符合要求的工程应分析原因,接受教训,并采取相应的措施予以纠正,必要时返工重建。

这里要特别指出的是,在土基与基层施工过程中每当一部分工程完成时,应按施工标准及技术规范的要求进行检查与验收。中间验收的目的在于检查工程质量,及时发现存在的问题,研究分析采取的措施。它是道路附属工程达到合格或优良业绩的保证措施。

2.6 其他准备工作

签订工程合同，填报开工报告，施工许可证，申请接电接水，召开水、电、煤交通等管线配合协调会议。

课题3 施工程序、施工工艺和施工方法

3.1 侧平石施工

3.1.1 备料及施工放样

根据施工路段的长度及线形，计算出各种长短侧平石及垫层、基础、灌缝材料的需要量，进行备料准备工作。并同时做好：

(1) 侧石平面位置的测放。

(2) 侧石标高的测放。

3.1.2 开槽

根据设计，定出槽底标高，进行开槽。

3.1.3 垫层

按设计厚度铺垫并加夯实。

3.1.4 排砌侧石

校核样桩位置及标高，标上侧石顶面标高，用一道麻线控制顶面，另一道麻线控制侧面。按设计高度，在垫层上铺基础材料，拍实刮平，使基础表面离标高麻线的距离相当于侧实高度，将侧石轻放于基础上。

排5～10m后，用平板尺校核，每块侧石间要平、齐、紧、直、合格后再坞护脚。

3.1.5 排砌平石

根据设计的侧平石高差，用粉袋或墨斗标出平石的顶面及底面线。

按挑水点（分水）及进水口的高，铺砌平石基础及平石，以符合"锯齿形"要求。同时，平石靠路一边尽量排成一直线，使其与路中线纵坡一致，而平石横坡在进水口处应较大。排砌程序：①铺侧基；②排侧石；③坞侧护脚；④铺平基；⑤排平石；⑥坞平护脚。

3.1.6 灌缝

侧平石排砌10～20m后，应用（1∶2）～（1∶3）砂浆灌入接缝，灌缝后要整齐勾缝。

3.1.7 养护

侧平石在灌缝整齐勾缝之后，应进行湿治养护工作，使它能在很好的湿度条件下，起凝结作用，以免混凝土在形成强度之前过分收缩而裂缝。

当灌缝表面已有相当硬度（手按无痕）时，可用湿草包或湿麻袋覆盖，同时浇水，一般养护期为3～7天。

3.2 预制块人行道施工

3.2.1 施工放样

根据设计标高和宽度，定出边桩和边线，在桩上划出面层标高，桩距直线段1根/

10m，曲线段加密。

侧石顶面作为和行道外侧标高控制点，根据设计宽度和横坡，算出横向高差值，测设出内侧控制点。根据设计测设出树穴位置。

3.2.2 整理土基

（1）挖、填按"路基施工"中方法和要求进行。

（2）压实采用小型机械或铁夯。

3.2.3 基层

按设计铺基层，并压实整平，控制好标高。

3.2.4 垫层

用细粒料拍实刮平，控制好厚度，垫层应超前面层1m以上，不得随铺随砌。

3.2.5 预制块人行道铺板

一般采用"挂线定位法"，步骤为：

（1）以一条横缝为基准线，在人行道内边线，用铁钎拉出放样麻线，沿放样麻线，每隔一块板宽度（50cm），钉铁钎一根，用麻线在横向上拉出，其中铁钎一端高度与放样麻线相平，另一端骑跨在侧石外侧，平行于基准横缝后用垂球张紧。

（2）在麻线与侧石顶面之间垫一块5mm的垫块。

（3）用丁字镐铺板，轻击板以使预制板平整稳实，并使高度与挂线齐平。

（4）在人行道转角处，记扇状空隙用现浇水泥混凝土补平。

在里弄，工厂等进出口路面同人行道的接头，应用牛腿式侧石做成斜坡式。出口处侧石应比平石高出2cm，以利排水。

3.2.6 扫缝

预制板铺砌完毕并合格后，用垫层材料扫缝。

3.2.7 现浇水泥混凝土人行道施工

现浇水泥混凝土人行道的施工程序和方法与水泥混凝土路面的施工基本相同，但表面必须在面层收水抹面后，应分块压线，滚花。压线、滚花必须整齐、清晰。

课题4 附属工程施工机械设备

4.1 拌 合 机

道路附属工程使用的混凝土拌合机有：自落式拌合机、强制式拌合机。

多数现场混凝土拌合机常用自落式拌合机，规格为400L/拌。

混凝土拌合机拌和质量易保证，适宜于集中拌合和供料。

4.2 小型压路机

路面常用压实机具分夯击，碾压，振动三种。

4.2.1 夯击

利用自由落体动能，冲击土层，一般有效厚度20～30cm，适用小面积场合。

4.2.2 碾压

靠碾轮自重的垂直压力和行驶水平推力的压紧和操搓使土粒密实,一般在 25～30cm 厚。主要是光轮压路机:分轻型(二轴二轮,6～8T);中型(二轴三轮,10～12T);重型(三轴三轮,12～15T)。

4.2.3 振动

利用重载在高频率下对土层的振动力,促使土颗粒挤紧而达到压实目的。设有调频装置,特点是:自重轻,体积小,速度快,操作灵活,压实效果好,是静压路机的 2～5 倍。

道路附属工程使用的压实机具主要是:铁夯和小型振动式压路机(一般为 0.5～1T 规格)。

课题 5 施工质量标准、施工安全要求

5.1 施工质量标准

5.1.1 侧平石质量标准

侧平石排砌整齐,直线段顺直,曲线段和顺,灌缝饱满,勾缝整齐,侧石内侧填土夯实,平石表面平整,排水畅通。

侧平石允许偏差应符合表 6-4 要求。

侧平石允许偏差表　　　　　表 6-4

序 号	项　目	允许偏差 (mm)	检验频率		检验方法
			范围	点数	
1	直顺度	10	100m	1	拉 20m 小线量取最大
2	相邻块高差	3	20m	1	用尺量
3	缝宽	±3	20m	1	用尺量
4	侧石顶面高程	±10	20m	1	用水准仪测量

5.1.2 人行道质量标准

(1) 预制块人行道质量标准

1) 垫层材料摊铺应考虑抛高系数,一般为 1.2～1.3,摊后应拍实整平。

2) 预制板顶应高于侧石顶 5mm,以利排水。与侧石平行的缝为错缝,缝宽≯1cm。

3) 保证预制板铺砌的平整度。

4) 预制板铺设应平整稳定,不积水与翘动。

5) 灌缝饱满,排列整齐。

6) 人行道板转角等扇状空隙处或其他空缺部分用同标号的水泥混凝土浇筑,并滚花。

预制块人行道允许偏差应符合表 6-5。

(2) 现浇水泥混凝土人行道质量标准

现浇水泥混凝土人行道施工要求:

1) 抗压强度和面层厚度符合设计。

2) 面层收水抹面后,应分块压线,滚花。

预制块人行道允许偏差表　　　　　　　　　　　　表 6-5

序号	项目		允许偏差（mm）	检验频率		检验方法
				范围	点数	
1	压实度	路床	≥90%	100m	2	用环刀法或灌砂法检验
		基层	≥95%			
2	平整度		5	20m	1	用3m直足量取最大值
3	相邻块高差		3	20m	1	用尺量取量大值
4	横坡		±0.3%	20m	1	用水准仪具测量
5	纵向直线度		10	40m	1	拉20m小线量取最大值
6	横向直线度		10	20m	1	沿路宽拉小线量取量大值
7	井框与路面高差		5	每座	1	用尺量

3）完成滚花后应进行湿治养护 3～7 天。

现场浇筑人行道允许偏差应符合表 6-6。

现场浇筑水泥混凝土人行道允许偏差表　　　　　　表 6-6

序号	项目	压实度(%)及允许偏差(mm)	检验频率		检验方法
			范围	点数	
1	路床	≥80	100m	2	用环刀法或灌砂法检验
	基层	≥95			
2	抗压强度	不低于设计规定	每台班	1组	压力机试验
3	厚度	±5	20m	1	用尺量
4	平整度	5	20m	1	用3m直尺量取最大值
5	宽度	−20	40m	1	用尺量
6	横坡	±0.3%	40m	1	用水准仪具测量
7	井框与路面高差	5	每座	1	用尺量

5.2 施工安全要求

安全生产是道路附属工程重要的控制目标之一，也是衡量道路附属工程管理水平的重要标志，道路附属工程安全管理，就是在施工过程中，组织安全生产的全部管理活动。通过对生产因素（人和物）具体的状态控制，使施工生产全过程中潜伏的危险处于受控状态，消除事故隐患，不引发人为事故，尤其是不引发为使人受到伤害的事故，确保施工生产安全。

道路附属工程要实现以经济效益为中心的工期、成本、质量、安全等的综合目标管理，搞好施工的安全管理，保护职工在施工生产中的安全和健康，保护设备、物资不受损坏，不仅是管理的首要职责，也是调动职工积极性的必要条件。没有安全的施工生产条件，也就没有施工生产的高效率和高质量。

道路附属工程安全技术要求：

5.2.1 人工挖土方

人工挖土方必须遵守下列规定：

（1）开挖土方的操作人员之间，必须保持足够的安全距离，横向间距不小于2m，纵向间距不小于3m。

（2）土方开挖必须自上而下顺序放坡进行，严禁采用挖空底脚的操作方法。

5.2.2 小型机械作业

（1）发动机起动后，铲斗内、壁杆、履带和机棚上严禁站人。

（2）工作位置必须平坦稳固。工作前履带应制动，轮胎式小型机械应顶好支腿，车身方向应与工作面延伸方向一致，操作时工作装置动作不应过深，提斗不得过猛。

（3）工作装置运转范围内严禁站人。

（4）由于附属工程地面及地下障碍物较多，特别是市政道路改、扩建工程，施工中对电力缆线、通讯缆线、路灯线等设施要专人看守，现场指挥作业。

5.2.3 人工搬运预制构件

人工搬运预制构件必须遵守下列规定：

搬运预制构件的操作人员之间，必须保持足够的安全距离，互相小心配合，防止预制构件砸伤操作人员。

单元 7 道路工程实践

课题 1 沥青混凝土路面施工实训

1.1 沥青混凝土路面施工实训目的

1.1.1 施工实训目的

沥青混凝土路面施工实训是重要的实践性教学环节，学生通过深入到市政工程施工现场，熟悉沥青混凝土路面施工工艺，进行沥青混凝土路面的施工实习。在施工现场能使学生理论联系实际，验证所学理论，培养学生组织现场施工和解决实际问题的能力。着重加强实际动手能力的培训，加强双证教育，使学生成为既懂理论又懂实践的技能型人才。

工程实训以实践教学为主，学生应进行独立操作，在训练过程中有机地将基本工艺理论和基本工艺实践结合起来，同时重视学生工艺实践和创新技能的培养。

1.1.2 施工实训能力目标

（1）具有独立识读沥青路面施工图的能力；
（2）能区分沥青路面施工的工艺和方法；
（3）熟悉协助组织沥青路面施工的程序；
（4）能区分沥青路面施工机械设备和用途；
（5）能查找沥青路面施工质量标准和安全的规范和规程。

1.2 沥青混凝土路面施工实训内容

结合实训基地及当地市政工程实际进展情况，安排学生进入工地现场，进行以下内容的实训：

1.2.1 熟悉沥青混凝土路面施工的工艺

（1）沥青路面的施工准备工作

包括下承层的检查、验收；原材料质量检查；施工机械的选型和配套；拌和厂选址与备料；试验路铺筑。

（2）沥青混合料拌合

拌合设备与拌合流程；拌合要求。

（3）沥青混合料运输

（4）沥青混合料摊铺

摊铺前的准备工作包括下承层准备、施工测量及摊铺机检查等；调整、确定摊铺机的参数；摊铺作业。

（5）沥青混合料的压实

碾压遵循的原则；压实机械的选择；沥青混合料各层的碾压成型分为初压、复压、终压三个阶段。

(6) 接缝处理

1.2.2 熟悉沥青路面施工质量标准和安全的规范和规程

(1) 质量标准

1) 施工前的材料与设备检查。

2) 施工过程中的质量管理与检查。

3) 交工验收阶段的工程质量检查与验收。

(2) 安全规范和规程

1) 安全管理的措施

落实安全生产责任制；加强安全教育和培训，严守安全纪律；安全检查。

2) 安全技术措施

沥青加热及混合料拌制时安全技术措施；沥青混合料摊铺机摊铺作业安全技术措施。

1.3 沥青混凝土路面施工实训基本要求

熟悉沥青混合料的拌制、运输、摊铺、压实、接缝等操作过程，熟悉沥青混凝土路面施工技术规范要点和验收质量标准，了解施工机械的性能及其使用特点。

1.4 实 训 方 式

1.4.1 现场讲解及示范操作

对实习内容中规定学生必须掌握的基本概念和理论知识由指导老师进行现场讲解。而要求学生独立操作的内容应先由指导老师示范整个操作过程，讲清要领后再让学生动手操练。

1.4.2 学生独立操作

学生独立操作是工程实训的主要方式。根据沥青路面施工工序及工艺要求的不同，每个学生在各个实训环节中都有相应的熟悉施工工艺、独立操作并完成的任务，以培养学生的动手能力和钻研精神。

1.4.3 多媒体教学及示范表演

所有实训项目可用多媒体教学的形式进行，以增加学生的感性认识。

1.4.4 写实训报告

每个实训项目结束时，学生都应根据实训内容和要求完成实习报告，并在实训结束时交给指导老师评分。

1.5 实训考核办法

工程实训主要从三方面对学生进行考查。

1.5.1 实践操作

占总成绩的60%，它是按工序分数最后评定，每工序根据完成质量、训练态度、动手能力、文明生产、安全操作等各项内容由指导人员和检测人员给予记分。

1.5.2 实训报告
占总成绩的 30%，实训结束后，学生按要求总结，最后予以评定。
1.5.3 出勤情况
占总成绩的 10%。

课题 2　水泥混凝土路面施工实训

2.1　水泥混凝土路面施工实训目的

2.1.1　施工实训目的
水泥混凝土路面施工实训是重要的实践性教学环节，学生通过施工现场实习，能了解水泥混凝土路面施工程序和施工方法，培养学生对现场施工工艺的认知度，熟悉施工质量标准、施工安全要求，了解水泥混凝土路面各项操作技能、工程质量检验方法，具有一定的动手能力。

工程实训以实践教学为主，学生应进行独立操作，在训练过程中有机地将基本工艺理论和基本工艺实践结合起来，同时重视学生工艺实践和创新技能的培养。

2.1.2　施工实训能力目标
（1）具有独立识读水泥混凝土路面施工图的能力；
（2）能区分水泥混凝土路面施工的工艺和方法；
（3）熟悉协助组织水泥混凝土路面施工的程序；
（4）能区分水泥混凝土路面施工机械设备和用途；
（5）能查找水泥混凝土路面施工质量标准和安全的规范和规程。

2.2　水泥混凝土路面施工实训内容

结合实训基地及当地市政工程实际进展情况，安排学生进入工地现场，进行以下内容的实训：

2.2.1　熟悉水泥混凝土路面施工的工艺
（1）水泥混凝土路面的施工准备工作
包括施工组织、施工现场布置、混凝土材料准备、测量放样、土基与基层的检查与整修、机械设备和测量仪器准备等其他准备工作。
（2）安装模板
要求有足够刚度（挠度小），安装、拆卸方便，同时符合正确的设计高度。
（3）水泥混凝土混合料的拌和和运输
拌制好的混凝土应尽快送往摊铺工地，混凝土拌合物从搅拌机出料后，运至铺筑地点进行铺筑、振捣直至成活的允许最长时间，由试验室根据水泥初凝时间及施工气温确定，并应符合表 4-10 的规定。
（4）水泥混凝土混合料摊铺
混凝土摊铺前，应对模板的间隔、高度、润滑、支撑稳定情况和基层状况，以及钢筋的位置、传力杆装置等进行全面检查。

(5) 水泥混凝土混合料的振捣

振捣（包括收水抹面）程序为：插入式振捣器振捣→平板式振捣器振捣→振动梁振捣→找补混凝土→钢管滚筒滚压混凝土→人工用提浆板第 1 次提浆→人工用钉子打板打击石子下沉以留够砂浆磨耗层→人工用提浆板第 2 次提浆→滚筒滚压混凝土→人工蹲于跳板上用铁抹子两次抹面→混凝土初凝时人工用铁抹子抹光面→压纹器压纹（如有汉白玉交通标志可在接近初凝时一并安装）。

(6) 收水抹面

当用滚筒纵横向反复滚压、整平、提浆后，即开始进行表面整修，先用大抹子反复粗抹找平，再用铁抹板拖抹，小抹子精平，使混凝土表面更加致密、平整、美观。

(7) 湿治养护

根据养护方法一般养护 14~21d。

(8) 拆模

根据拆模顺序小心取出模板并清洗后上脱模剂，整齐码放以利下次使用。

(9) 切缝与填缝

主要指切缩缝，另外按设计要求还有要求切纵缝及胀缝。

2.2.2 熟悉水泥混凝土路面施工质量标准和安全的规范和规程

(1) 质量标准

1) 施工前的材料与设备检查。

2) 施工过程中对每道工序严格的检查和控制，对出现的问题，立即进行纠正直至停工整顿。

3) 交工验收阶段的工程质量检查与验收。

(2) 安全规范和规程

1) 安全管理的措施

落实安全生产责任制；加强安全教育和培训，严守安全纪律；安全检查。

2) 安全技术措施

沥青加热及混合料拌制时安全技术措施；沥青混合料摊铺机摊铺作业安全技术措施。

2.3 实训方式

2.3.1 现场讲解及示范操作

对实习内容中规定学生必须掌握的基本概念和理论知识由指导老师进行现场讲解。而要求学生独立操作的内容应先由指导老师示范整个操作过程，讲清要领后再让学生动手操练。

2.3.2 学生独立操作

学生独立操作是工程实训的主要方式。根据沥青路面施工工序及工艺要求的不同，每个学生在各个实训环节中都有相应的熟悉施工工艺、独立操作并完成的任务，以培养学生的动手能力和钻研精神。

2.3.3 多媒体教学及示范表演

所有实训项目可用多媒体教学的形式进行，以增加学生的感性认识。

2.3.4 写实训报告

每个实训项目结束时,学生都应根据实训内容和要求完成实习报告,并在实训结束时交给指导老师评分。

2.4 实训考核办法

工程实训主要从三方面对学生进行考查:

2.4.1 实践操作

占总成绩的60%,它是按工序分数最后评定,每工序根据完成质量、训练态度、动手能力、文明生产、安全操作等各项内容由指导人员和检测人员给予记分。

2.4.2 实训报告

占总成绩的30%,实训结束后,学生按要求总结,最后予以评定。

2.4.3 出勤情况

占总成绩的10%。

课题3 附属工程施工实训

3.1 附属工程施工实训目的

3.1.1 施工实训目的

通过道路附属工程施工实践操作,使学生了解道路附属工程的施工程序、施工工艺和施工方法,熟悉施工质量标准、施工安全要求,了解道路附属工程各项操作技能、工程质量检验方法,具有一定的动手能力。

3.1.2 施工实训能力目标

(1) 具有独立识读附属工程施工图的能力;
(2) 能区分附属工程施工的工艺和方法;
(3) 熟悉协助组织附属工程施工的程序;
(4) 能区分施工机械设备和用途;
(5) 能查找施工质量标准和安全的规范和规程。

3.2 附属工程施工实训内容

结合实训基地及当地市政工程实际进展情况,安排学生进入工地现场,进行以下内容的实训:

3.2.1 熟悉侧平石施工工艺

(1) 侧平石施工工艺

1) 备料及施工放样

根据施工路段的长度及线形,计算出各种长短侧平石及垫层、基础、灌缝材料的需要量,进行备料准备工作,并同时做好侧石平面位置和侧石标高的测放。

2) 开槽

根据设计,定出槽底标高,进行开槽。

3）垫层

按设计厚度铺垫并加夯实。

4）排砌侧石

校核样桩位置及标高，标上侧石顶面标高，用一道麻线控制顶面，另一道麻线控制侧面。按设计高度，在垫层上铺基础材料，拍实刮平，使基础表面离标高麻线的距离相当于侧实高度，将侧石轻放于基础上。排5～10m后，用平板尺校核，每块侧石间要平、齐、紧、直、合格后再坞护脚。

5）排砌平石

根据设计的侧平石高差，用粉袋或墨斗标出平石的顶面及底面线。根据排砌程序进行平石排砌。

6）灌缝

侧平石排砌10～20m后，应用1∶2～1∶3砂浆灌入接缝，灌缝后要整齐勾缝。

7）养护

侧平石在灌缝整齐勾缝之后，应进行湿治养护工作，使它能在很好的湿度条件下，起凝结作用，以免混凝土在形成强度之前过分收缩而裂缝。当灌缝表面已有相当硬度（手按无痕）时，可用湿草包或湿麻袋覆盖，同时浇水，一般养护期为3～7天。

（2）侧平石施工实践操作评分

通过排砌圆角侧平石使学生能基本掌握本工种操作技能。

圆角侧平石排砌实践操作评分标准见表7-1。

圆角侧平石排砌实践操作评分标准 表7-1

序号	项　目	质量要求	扣分办法	总分得分
1	基础	基础厚度、宽度应符合规定要求	摊铺厚度、宽度不合要求扣5分	10
		要洒水(干料)，拍实	不洒水、不拍实扣5分	
2	排砌稳直	用木锤在一块侧石顶部锤击两次不下沉	下沉达2mm扣5分	10
		直立不倾斜	有明显倾斜者扣5分	
3	顶面平整度	用3m直尺校验，高差不超过5mm	查两处，超过者每次扣10分	30
		相邻两块侧石顶面高差不超过2mm	查两处，超过者每次扣5分	
4	外边线顺直	用3m麻线检验。偏差不得超过5mm	超过者扣10分	10
5	缝宽	接缝的缝宽不得超过5mm。（断侧石从最小缝宽处量）	查两处，超过者每次扣5分	10
6	坞边	按规定高度、宽度坞边，坞后拍实	不坞边扣5分 不拍实扣5分	10
7	灌缝	缝要灌足，头子要抹平	不灌缝扣5分 不抹平扣5分	10
8	安全	遵守操作规程	不戴手套扣5分 违反安全操作扣5分	10
	评分员		得分	

3.2.2 熟悉人行道施工工艺

(1) 人行道施工工艺

1) 施工放样

按施工放样要求定出边桩和边线。

2) 整理土基

A. 挖、填按"路基施工"中方法和要求进行。

B. 压实采用小型机械或铁夯。

3) 基层

按设计铺基层,并压实整平,控制好标高。

4) 垫层

用细粒料拍实刮平,控制好厚度,垫层应超前面层1m以上,不得随铺随砌。

5) 预制块人行道铺板

一般采用"挂线定位法"进行铺板。

6) 扫缝

预制板铺砌完毕并合格后,用垫层材料扫缝。

(2) 人行道施工实践操作评分

通过排砌圆角人行道板使学生能熟练掌握本工种基本操作技能。

圆角人行道板排砌实践操作评分标准见表7-2。

圆角人行道板排砌实践操作评分标准　　　表7-2

序号	项目	质量要求	扣分办法	总分得分
1	垫层	垫层厚度、坡度符合规定要求	垫层厚度不适当扣5分 坡度不适当扣5分	10
2	铺砌	垫层不虚空,铺砌平稳不翘动,不撞坏混凝土板	垫层有虚空现象扣5分 混凝土板翘动两块扣5分 三块扣10分 敲坏混凝土板两块扣5分 三块扣10分	25
3	平整度	用3m直尺靠量偏差小于1cm (纵横方向各量一次)	超过者每次扣10分	20
	评分员		得分	

3.3 熟悉附属工程质量标准和安全的规范和规程

3.3.1 附属工程质量标准

(1) 侧平石质量标准

侧平石排砌整齐,直线段顺直,曲线段和顺,灌缝饱满有,勾缝整齐,侧石内侧填土夯实,平石表面平整,排水畅通。侧平石允许偏差应符合表6-4规定。

(2) 人行道质量标准

熟悉预制块人行道铺砌质量标准和现浇混凝土人行道质量标准。分别符合表6-5和表6-6规定要求。

3.3.2 附属工程安全的规范和规程
(1) 安全管理的措施
落实安全生产责任制；加强安全教育和培训，严守安全纪律；及时进行安全检查。
(2) 安全技术措施
熟悉道路附属工程安全技术要求。

3.4 实训方式

3.4.1 现场讲解及示范操作
对实习内容中规定学生必须掌握的基本概念和理论知识由指导老师进行现场讲解。而要求学生独立操作的内容应先由指导老师示范整个操作过程，讲清要领后再让学生动手操练。

3.4.2 学生独立操作
学生独立操作是工程实训的主要方式。根据附属工程施工工序及工艺要求的不同，每个学生在各个实训环节中都有相应的熟悉施工工艺、独立操作并完成的任务，以培养学生的动手能力和钻研精神。

3.4.3 多媒体教学及示范表演
所有实训项目可用多媒体教学的形式进行，以增加学生的感性认识。

3.4.4 写实训报告
每个实训项目结束时，学生都应根据实训内容和要求完成实习报告，并在实训结束时交给指导老师评分。

3.5 实训考核办法

工程实训主要从三方面对学生进行考查。

3.5.1 实践操作
占总成绩的60%，它是按工序分数最后评定，每工序根据完成质量、训练态度、动手能力、文明生产、安全操作等各项内容由指导人员和检测人员给予记分。

3.5.2 实训报告
占总成绩的30%，实训结束后，学生按要求总结，最后予以评定。

3.5.3 出勤情况
占总成绩的10%。

参 考 文 献

1. 陈飞主编. 城市道路工程. 北京：中国建筑工业出版社，1998
2. 潘全祥主编. 材料员必读. 北京：中国建筑工业出版社，2001
3. 潘延平主编. 质量员必读. 北京：中国建筑工业出版社，2001
4. 交通部，《公路工程技术标准》(JTG B01—2003)
5. 叶国铮等编著. 道路与桥梁工程概论. 北京：人民交通出版社，1999
6. 建设部人事教育司组织编写. 筑路工. 北京：中国建筑工业出版社，2004
7. 建设部人事教育司组织编写. 道路养护工. 北京：中国建筑工业出版社，2005
8. 交通部. 城市道路与桥梁施工验收规范. 北京：中国建筑工业出版社，1997
9. 交通部. 城市道路养护技术规范. (CJJ 36—90)
10. 傅智著. 水泥混凝土路面施工技术. 上海：同济大学出版社，2004
11. 交通部. 公路水泥混凝土路面施工技术规范. (JTGF 30—2003)
12. 王芳主编. 市政工程构造与识图. 北京：中国建筑工业出版社，2003
13. 杨玉衡主编. 城市道路工程施工与管理. 北京：中国建筑工业出版社，2003
14. 夏连学等主编. 路基路面工程. 北京：人民交通出版社，2003
15. 杨玉衡主编. 城市道路工程施工与管理. 北京：中国建筑工业出版社，2003
16. 黄志明编. 上海市城市建设工程学校校本教材，1995
17. 张润主编. 路基路面施工及组织管理. 北京：人民交通出版社
18. 市政工程施工技术规程汇编. 中国建筑工业出版社